时刻关注 二战经典战役纪实

血拼太平洋

THE BATTLE OF THE PACIFIC

二战经典战役编委会·编译

中国铁道出版社有限公司
CHINA RAILWAY PUBLISHING HOUSE CO., LTD.

前 言 | 血拼太平洋

The Battle of the Pacific

日本草率地挑起太平洋战争，源自日本政客与狂热民众强烈的赌博思维。明治维新之后，日本国力迅速膨胀，一举踏入世界强国之列。日本坚持逢强必霸的强盗信仰，忘记了自身作为一个自然资源极为匮乏的岛国，没有油田，缺少煤炭，铜铁等主要矿产资源稀少，农产品较为单调，其国民主产业以农耕及手工小作坊生产为主这一系列先天不足的条件，开始做起"大日本帝国梦"。日本人自比与英国面积、地理位置非常相似，既然英国能够发展成"世界工厂"和"日不落帝国"，为什么日本不能？日本不顾处于苏、美、中三个大国环绕的地缘政治条件，以小搏大，进行赌博式的侵略扩张。日本政客与军人最崇拜的东乡平八郎在对马海峡海战时，在挂有"Z"字旗的"三笠"号旗舰上发出号令："皇国兴废，在此一战。诸军将士，奋力杀敌。"由于中国的孱弱和内部纷争，西方列强之尔虞我诈，在数十年的时间里日本投机取巧，通过战争等手段，先吞并琉球，把自己的势力范围扩张到中国近海；接着，又赌赢了甲午战争，吞并了朝鲜，取代中国成为东亚最有影响力的大国；而日俄战争的胜利将日本的赌博信念提升到了前所未有的高度，甚至蓄意挑起"九一八"事变和"七七"事变，全面发动对中国的侵略战争。尽管全体中国人民的浴血抵抗，沉重打击了日军"三个月灭亡中国"的嚣张气焰，使中日战争处于白热化的相持状态，但日本的赌博情绪有增无减。日本军政界不安分的野心一直在蠢蠢欲

动，积极进行整军备战，伺机而动，妄图实现其"大日本帝国"之梦。

1940 年春夏之际，希特勒以"闪击战"横扫西欧，荷兰和法国相继败降，英军退守英伦三岛，美国仍持孤立主义在大洋彼岸置身事外。日本人认为这是向南推进，夺取英法荷在东南亚的殖民地，攫取战略资源的大好时机。于是，日本朝野上下爆发出阵阵"不要耽误了末班车"的叫嚣。组阁刚半年的米内内阁在军部势力的冲击下垮台，近卫文麿在东条英机等陆军将领的支持下再次组阁。1940 年 9 月 27 日，日本近卫政府与德、意签订了三国同盟条约，建立军事联盟，扩大侵略，矛头直指美英。

由于日军陆军主力深陷中国战场，现在又想在太平洋上与美英争锋，日本政客们不得不在日本民众疯狂的参战热情之中，冷静地思考与评估征服的野心与自身实力之间的平衡。与狂热好战的少壮派和盲从愚昧的日本民众相比，大多日本政治人物与军事将领们最初的征服野心仅仅局限于独占东南亚。然而，美国为保卫其在东亚的利益，太平洋舰队必然会从珍珠港出击，从侧翼对日军的东南亚进攻进行牵制，那么日本的南洋舰队势必掉头迎战。因此，为解决后顾之忧，日军必须先拔掉珍珠港这颗美国鲨鱼的牙齿，摧毁美太平洋舰队主力，在美国恢复元气，完成反攻准备之前，从容不迫地占领太平洋及印度洋中所有的重要据点，夺取东南亚地区丰富的战略资源，迫使美国订立城下之盟。这样，珍珠港尽管不是日军夺取的目标，只是南进战略中战略支援的一部分，却成为日本南进的重中之重。

战役备忘 血拼太平洋
The Battle of the Pacific

罗斯福 | Franklin Roosevelt

这不仅是一场长期的战争，也将是一场艰苦的战争。我们所需要的物资、金钱必须成倍地增加。

山本五十六 | Isoroku Yamamoto

我们最初的作战是何其辉煌！自中途岛以来，我们的作战是多么地糟糕！

丘吉尔 | Winston Churchill

冲绳岛战役是世界战役史中最激烈最闻名的战役之一。

小泽治三郎 | Jisaburo Ozawa

在这一战（莱特湾海战）之后，日本的海面兵力就变成了绝对性的辅助部队，除了某些特种性质的船只以外，对于海面军舰已经是再无用场可派了。

★ 战争结果

据统计，1941 年 12 月 7 日以后美军在太平洋战场上死亡 12 万人，受伤 43 万。而根据日本经济安定本部的调查，日军在太平洋战场的死亡人数达 155 万，其中陆军死亡 114 万，海军死亡 41 万，平民死伤不计其数。残酷的太平洋岛屿登陆作战构成了人类海洋战争史最重要的篇章。

★ 战役之最

a. 马里亚纳大海战是世界上最大规模的航空母舰部队之间的决战。b. 冲绳战役是美日两军在太平洋岛屿作战中规模最大、时间最长、损失最重、最后一次战役。c. 莱特湾海战是太平洋战争中最后一次大海战，也是历史上最大的一次海战。d. 硫磺岛战役是太平洋上最残酷、艰巨的登陆战。

★ 作战时间
1941 年 12 月 7 日—1945 年 8 月 15 日。

★ 作战地点
太平洋。

★ 作战国家

★ 作战将领

麦克阿瑟 | Douglas Mac Arthur

麦克阿瑟　美国陆军将领。曾任西点军校校长、陆军参谋长以及美驻菲律宾最高军事顾问、远东美军司令等职。第二次世界大战期间，指挥盟军在西南太平洋地区作战，并晋升五星上将。战后作为"盟军最高司令官"驻日本。1950 年任"联合国军总司令"，指挥侵朝战争。次年军事失利，被免职。

美 国

主要兵力太平洋舰队，海军陆战队。

日 本

主要兵力日本海军联合舰队，日本第 109 师团第 32 集团军。

牛岛满 | Ushijima

旧日本帝国最后一个陆军大将，日本法西斯的死硬分子。攻占南京并实施大屠杀的日军军官。1944 年 4 月奉命防守冲绳岛，抵抗登陆的美军，造成美军和当地居民的重大伤亡。1945 年 4 月，美军登陆冲绳后因所部几乎被全歼而自杀。

★ 战争意义

太平洋战场是第二次世界大战乃至人类战争史上最大的战场，在多次的登陆作战和海战中，日军海军的核心力量遭到了毁灭性的打击，美军逐步夺回了太平洋上的制海权和制空权，也打开了日本的门户，获得了轰炸日本本土的重要基地。同时日军不断从亚洲战场抽调兵力填补太平洋战场的兵力损失，拉长了战线，很大程度上缓解了亚洲大陆战争的局势，加速了日本的投降进程。

作战示意图 血拼太平洋
The Battle of the Pacific

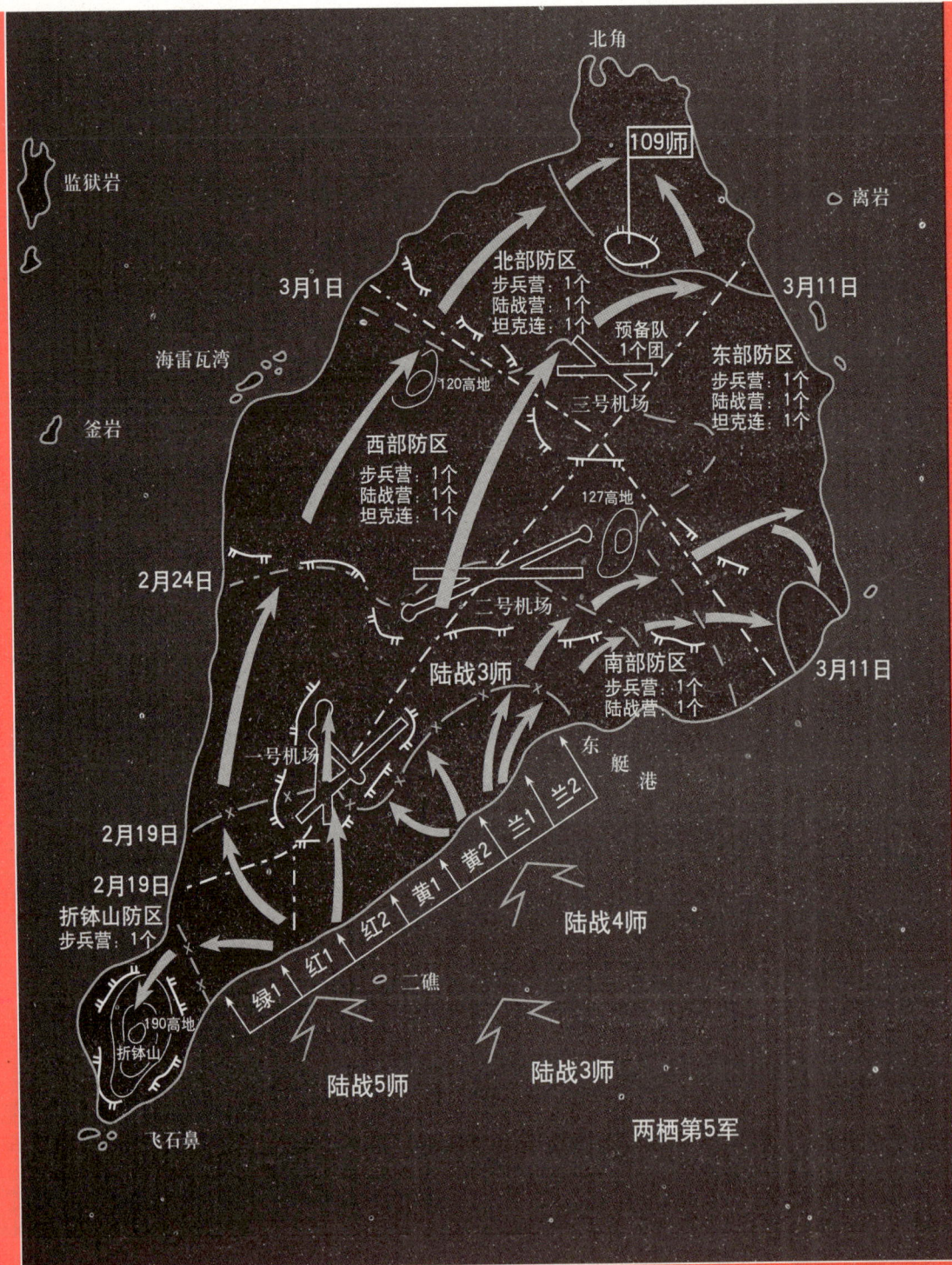

北角

109师

监狱岩

离岩

3月1日

北部防区
步兵营：1个
陆战营：1个
坦克连：1个

预备队
1个团

3月11日

东部防区
步兵营：1个
陆战营：1个
坦克连：1个

海雷瓦湾

120高地

三号机场

釜岩

西部防区
步兵营：1个
陆战营：1个
坦克连：1个

127高地

2月24日

二号机场

陆战3师

南部防区
步兵营：1个
陆战营：1个

3月11日

一号机场

东艇港

兰2
兰1
黄2
黄1
红2
红1
绿1

2月19日

2月19日

折钵山防区
步兵营：1个

二礁

陆战4师

陆战5师

陆战3师

90高地
折钵山

两栖第5军

飞石鼻

★左图：美军硫磺岛登陆作战经过要图。
★右图：美军冲绳岛登陆作战经过要图。

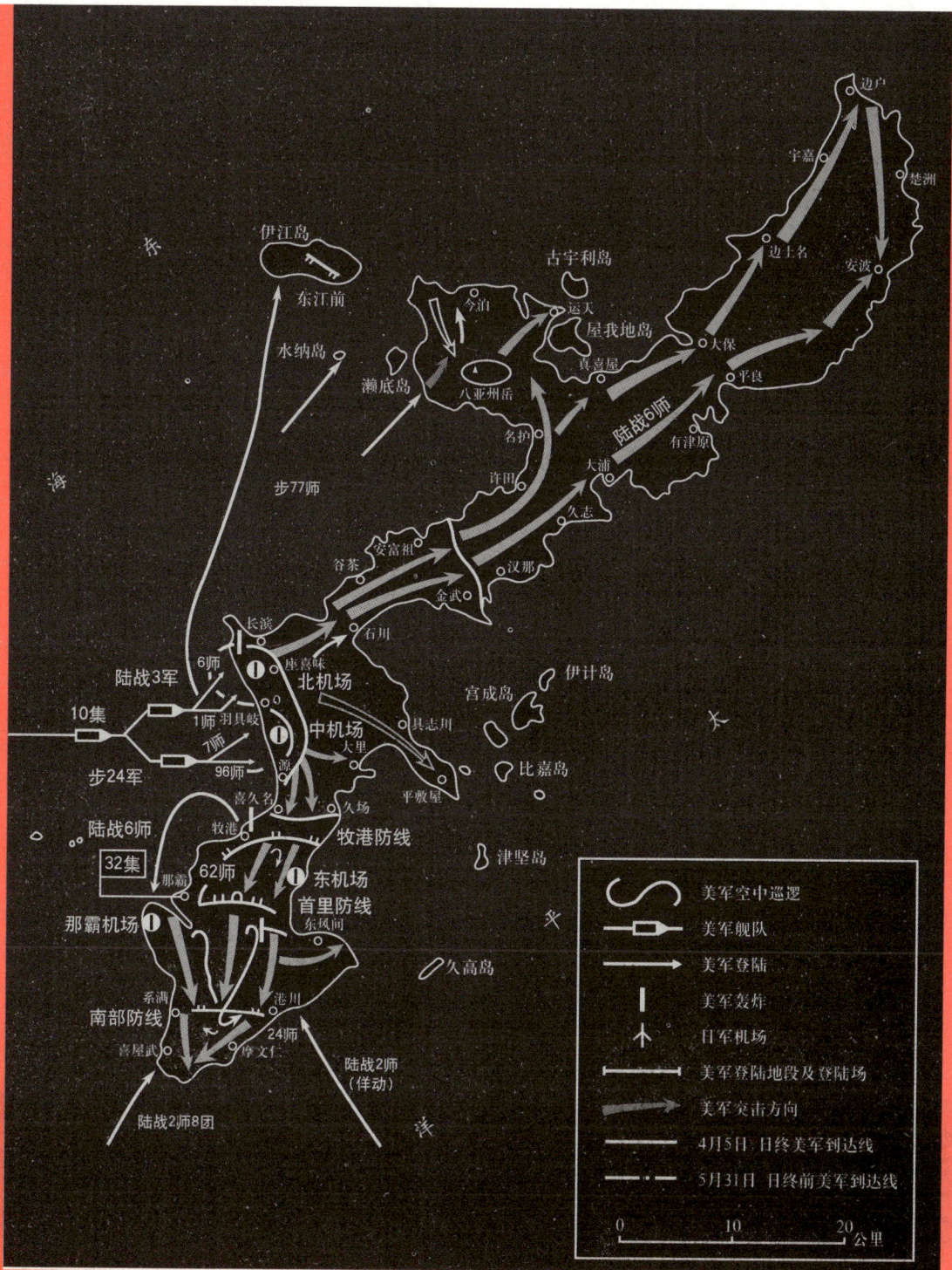

目 录 | 血拼太平洋

The Battle of the Pacific

第一章 豪赌——太平洋战争

"如果天皇能给我一年时间去赌博，我可以为日本赢回一艘航母。"

No.1 豪赌开始 / 11
No.2 巴丹死亡行军 / 17
No.3 日军战略——取得莫尔兹比 / 21
No.4 美军战略——攻占拉包尔 / 24

第二章 梦碎——美军反攻

"越岛战术"这种战争方式的实际应用，就是避免以大量的伤亡进行正面的攻击；就是避开日军据点，切断补给线，使他们无所作为；就是孤立他们的军队，使他们在战场上饿死……这就是我调动部队与拟定作战计划的指导思想。

No.1 反攻在即 / 26
No.2 临危受命 / 26
No.3 梦碎魔鬼山 / 34

No.4 "硬币"作战 / 40
No.5 "蛙跳战术" / 48

第三章 破围——登陆塔拉瓦岛

"我经常惚惚恍恍地似乎重新置身于塔拉瓦岛那布满海军陆战队队员们尸体的滩头，空气中弥漫着尸体腐烂的腥臭味，或许我一生根本就没有走出那血肉横飞的人间地狱，到处是被日军岸炮炸碎的碎肢断臂的滩头，炮弹在空中的呼啸及随后发出的巨大的爆炸声常常使我不由自主地跳起来。曾经微笑的面孔一个个在眼前消失，眼中不由地爆发出报仇雪恨的怒火。"

No.1 确定路线 / 55
No.2 "电流"作战 / 56
No.3 "100 年也攻不下塔拉瓦" / 58
No.4 迷惑日军 / 61
No.5 喋血马金岛 / 65
No.6 海军陆战队扬威 / 69
No.7 海空大战 / 78
No.8 掏心战术 / 82

第四章 破堤——登陆塞班岛

"平民与军人不再有什么本质性界限，对于你们来说，拿着竹矛冲向敌人自杀殉国，总比被俘虏了要好得多，能够以武士道精神体面地死亡是我们至高无上的荣幸。"

No.1 "太平洋的防波堤" / 86

No.2 磨刀 / 88

No.3 马里亚纳大海战 / 92

No.4 抢滩塞班岛 / 97

No.5 攻占阿斯利洛机场 / 100

No.6 玉碎 / 104

No.7 收复关岛 / 109

No.8 "最成功的两栖登陆战" / 114

第五章 绞肉机——登陆硫磺岛

4英里长，形状像火鸡一样，面积约20平方千米的硫磺岛，没有前线，没有后方，每一寸土地都是战场……更恐怖的是日军不是在岛上，而是在岛内。多年来，他们在岛上修筑了复杂的密如蛛网般的地下工事，有的地下工事多达三层，能出其不意地从洞穴、岩石缝隙中突然出来，对我们进行残酷袭击。神经一直绷得很紧，除了手中攥出汗水的来复枪，你对周围的一切都不能相信。

No.1 如鲠在喉 / 118

No.2 莱特大海战 / 121

No.3 "天王山移动了" / 125

No.4 "死守硫磺岛" / 128

No.5 抢滩硫磺岛 / 132

No.6 升起星条旗 / 136

No.7 绞肉机 / 139

No.8 特攻作战 / 141

No.9 四枚国会勋章 / 144

第六章 破门——登陆冲绳岛

日军指挥官们在明知取胜无望的情况下，仍残忍地驱使着士兵进行盲目的抵抗，并尽力保存兵力，一寸一寸地防守着自己的阵线，尽可能地给美军造成最大的杀伤，双方的鲜血交汇在一起，染红了整个岛屿。

No.1 冰山行动 / 152

No.2 封锁海空 / 159

No.3 攻占庆良间列岛 / 165

No.4 抢滩冲绳 / 168

No.5 "大和"号覆灭 / 170

No.6 "神风"特攻战术 / 174

No.7 血染冲绳 / 180

No.8 冲绳之伤 / 188

▲ 侵华日军在淞沪战役期间举行入城仪式。

第一章

豪赌——太平洋战争

"如果天皇能给我一年时间去赌博，我可以为日本赢回一艘航母。"

——日本帝国海军联合舰队司令山本五十六大将

No.1 豪赌开始

1941 年 11 月 6 日，日军成立了南方军，以寺内寿一大将为总司令，下辖进攻菲律宾的第 14 军（司令官：本间雅晴中将）、进攻马来西亚的第 25 军（司令官：山下奉文中将）、进攻荷属东印度的第 16 军（司令官：今村均中将）和进攻关岛与婆罗洲的第 55 师团和川口支队。海上支援力量是联合舰队，攻击珍珠港的任务由第 1 航空舰队与第 6 舰队担任，南太平洋方面则由第 4 舰队、本土东方由第 5 舰队、内海由第 1 舰队配置，其他大部分由南方部队所编成，南方部队指挥官由第 2 舰队指挥官近藤信竹中将担任。同日，日军大本营对南方军、第 14 军、第 16 军、第 25 军、南海支队发布作战序列，对各军及支那派遣军（抗日战争时期日军对派遣到中国关内的军队的总称）下达南方作战准备命令。

南方作战日方称作"あ号作战"，依地区可细分成：

攻取菲律宾——"M 作战"；

攻取马来半岛——"E 作战"；

攻取荷属东印度——"H 作战"；

攻取关岛——"G 作战"；

攻取英属婆罗洲——"B 作战"；

攻取香港——"C 作战"；

攻取俾斯麦群岛——"R 作战"；

海军空袭珍珠港——"Z 作战"。

南方作战的主要目标是夺取荷属东印度的石油资源。为此目的，日军必定要在美属菲律宾与英属马来西亚建立起立足点，迅速攻下兰印地区，构筑与巽他群岛连成的防卫线，以确保资源往本土的运输。

作战计划内容主要为：以海军第 1 航空舰队为主力的航空母舰部队对欧胡岛珍珠港内的美国太平洋舰队发动奇袭，一口气消灭其太平洋舰队主力。在对珍珠港发动奇袭后，立刻对菲律宾与马来西亚两方面同时进攻，接着分别是对婆罗洲、苏拉威西岛、南部苏门答腊等要地的占领，最终目标为爪哇岛。此外，攻下香港、英属婆罗洲、关岛、俾斯麦群岛、摩鹿加群岛、帝汶岛，日军在开战初期也于泰国内进驻大批军力，以视状况进攻英属缅甸。

日本大本营十分清楚，南方作战的成功，关键在于绝对保密，全面奇袭，多处开花，快速取胜。曾任日本驻华府海军武官多年的日本帝国海军联合舰队司令山本五十六大将深知美国巨大的生产能力，了解一旦这个国家完全进入战争轨道，日本就很少有获胜的希望。所以他希望在这种情形出现之前就迅速结束太平洋战争。他对首相近卫说："如果（日美）非打不可，在开

◀ 山本五十六。

始的当年或一年中可以奋战一番，并有信心争取打胜。但战争如果持续下去，以至拖到二年三年，那就毫无把握了。既然三国同盟条约已经缔结，只有破釜沉舟背水一战了。尽管如此，我还是恳切希望政府能设法回避同美交战。"山本是个赌博高手，据传由于他赌技超群，赢钱太多，拉斯维加斯的赌场甚至禁止山本入场，他是拉斯维加斯第二位被禁止的赌客。山本曾说，如果天皇能给他一年时间去赌博，他可以为日本赢回一艘航母。他常对他身边的参谋说，赌徒的思维在他思考问题时经常起作用：一半靠计算，一半靠运气。他决心要大赌一场："或是大获全胜，或是输个精光。假如我们袭击珍珠港失败了，这仗就干脆不打了。"

作为日本帝国"精英人物"的山本对日美战争的态度尚且如此，可见视战争如豪赌的军国主义文化在日本的基础有多么浓厚。这种缺乏战略头脑，不计后果的思维，必将为其赌博行为付出沉重的代价。

12月7日，"Z作战"首先启动。早上7点55分，经过长期训练准备的日本联合舰队绕到人迹罕至、风紧浪急、险象环生的北太平洋，利用连日来浓云密布这样一个天然的帷幕，将庞大舰队的行动隐藏了起来。突然出现在夏威夷珍珠港内的日军舰队震惊了正在享受周末美好时光的美军太平洋舰队。将近两个小时，日本人控制着珍珠港的海空，随心所欲地进行着轰炸扫射，击沉、击伤美军各型舰船总计40余艘，其中击沉战列舰4艘、重巡洋舰2艘、轻巡洋舰2艘、驱逐舰2艘和油船1艘，击毁飞机265架。美军伤亡惨重，总计2,403人阵亡，1,778人受伤。日军只有29架飞机（零式战斗机9架，97式鱼雷机5架，99式轰炸机15架）被击毁，70架被击伤，55名飞行员死亡，5艘袖珍潜艇被击毁，1艘袖珍潜艇被俘。10时整，日本飞机全部撤离珍珠港，得意洋洋地返回母舰。同来时一样，日本舰队迅速地、静悄悄地溜走了。日本联合舰队司令官山本五十六赢了这场赌博，这是他最为冒险、收益最大的一次赌博，并使他名震世界海战史。而美国总统罗斯福则愤慨地称：这是"一个遗臭万年的日子"。美英两国正式对日本宣战。9日，中国国民政府正式对日本宣战。

偷袭珍珠港"Z作战"成功后，其他作战计划迅速启动。

1941年12月8日清晨8时30分，"C作战"启动，42架涂有醒目太阳旗标记的轰炸机及护航机忽然出现在香港九龙启德机场上空。5分钟之内，英国皇家空军的飞机残骸遍地。25日，英军投降。

12月8日，"E作战"启动。日本第25军司令官山下奉文中将下令第25军在马来西亚北部海岸的哥打巴鲁实施两栖登陆及开始向马来西亚东海岸进攻，这与日军在暹罗的北大年府（泰国）及宋卡港（泰国）所实施的登陆行动相配合，他们将越过马来西亚－暹罗边境进攻马来西亚西部地区。

马来半岛为太平洋和印度洋的分界线，称为"远东直布罗陀"的新加坡更是扼守着太平洋与印度洋之间航运要道马六甲海峡的出入口，也是阻挡日军夺取荷属东印度（现印度尼西亚）石油的天然屏障。但英军深陷欧洲战场，无力保卫马来西亚，只能寄托于依靠新加坡章宜海军基地的"Z舰队"这最后一张王牌，加上英国海军在东亚多年战无不胜的荣耀。当得知日军登陆的消息后，远东舰队司令菲利普斯中将在没有空中掩护、敌情不明的情况下率领由"威尔士亲王"号、"反击"号和4艘驱逐舰组成的"Z舰队"截击日本登陆部队。12月9日，"Z舰队"被日机发现，10日，法属印度支那的日军海军第22航空战队，在关丹东南110公里发现"Z舰队"，最终缺乏空中保护的"威尔士亲王"号和"反击"号都被击沉。共约800人丧生，其中包括菲利普斯中将、舰长里奇。这次战斗是人类历史上航空兵首次单独击沉航行中的大型战列舰。此役称为马来海战。英国首相丘吉尔接报后哀叹：这是对他"一生中最沉重和最痛苦的打击"。英军远东海军主力彻底消失了。

"Z舰队"的覆灭，打掉了英联军赖以击败日军马来登陆的资本，大大损伤了英军海军称雄海洋进行殖民征服的荣耀，彻底地击垮了东南亚地区英联军的抵抗意志。失败的阴影像瘟疫一样在英军中蔓延，英联军迅速向马来半岛南部撤退，撤退很快就变得无法控制，越来越多的机场、港口和装备落在日军手中。日军的追击，很富有幽默色彩。为了适应马来西亚的

▲1941 年 12 月 25 日，驻港英军向日军投降。

▲ 日军在新加坡市政厅前举行受降仪式。

丛林小道的交通条件，日军步兵装备了大量的自行车。日本步兵骑着自行车，三人一排，又说又笑，好像是去看足球比赛。马来半岛灼热的路面令自行车车胎很快爆裂，日军士兵干脆剥去橡胶胎，只用钢圈骑行，数千辆这样的自行车发出的响声确实有点像坦克。数以千计的车轮汇成一片嘈杂声，溃退的英联军惊恐万分，以为是坦克在追赶他们。日军竟然用自行车就在两个月内击垮了英联军。马来西亚战役以英联邦军队被彻底打败撤出马来半岛而结束，近5万名英联邦士兵被俘虏或被杀害。接着日军轻而易举地占领了有"东方直布罗陀"之称的新加坡，并在这里举行了独特的受降仪式：让数万名战俘站在道路的两边迎接高奏凯歌的日军进城。新加坡的沦陷不啻是对英国的作战努力以至整个大英帝国一记沉重的打击。当时的英国首相丘吉尔也不得不承认，这是"英国历史上最严重的灾难，也是规模最大的投降"。

马来半岛陷落后，通向荷属东印度的大门也就敞开了一半，另一半就是麦克阿瑟驻守的菲律宾吕宋岛。

12月8日上午4时，"M作战"启动。日军第14集团（司令官本间雅晴中将）、海军菲律宾战役联合编队（司令为高桥伊望中将，巡洋舰10艘、驱逐舰29艘、航空母舰1艘和水上飞机母舰3艘）、陆军航空兵第5兵团（司令为小冰英良中将，飞机200架）、海军基地航空兵第11航空队（司令为冢原二四三中将，飞机300架）以及约100艘运输船和辅助船只联合向菲律宾发起进攻。

菲律宾位于西太平洋，北望中国台湾，南临荷属东印度，扼太平洋、南海和印度洋的交通要冲，战略地位十分重要。主要岛屿有吕宋岛、莱特岛和棉兰老岛。美国在菲律宾的克拉克和甲米地建有亚洲最大的空军、海军军事基地，到1941年11月，美军在菲律宾部署的B-17轰炸机达到35架。构成日军南进的障碍并威胁日本本土安全。日军进攻菲律宾，是为了消灭美菲军队和美国亚洲舰队，攫取资源丰富的美属殖民地，给以后进攻荷属印度和澳大利亚解除后顾之忧。1941年10月21日，史汀生写信给罗斯福总统，信中对部署B-17轰炸机一事称："如果日军不立即进攻，目前的威慑足以阻止日本向南的进攻。"不幸的是，日军很快发起了进攻。美军很快溃败，撤往吕宋岛西南部，在介于马尼拉湾和苏比克湾之间的巴丹半岛继续抵抗。

1941年12月10日清晨，"G作战"美属关岛被日军南海支队与海军陆战队登陆，美国放弃了被日本势力包围的关岛，而该地的守备队于同日投降。

1942年1月11日，"B作战"启动，日军第16军第56师团登陆了婆罗洲，同日，海军伞兵部队占领苏拉威西岛的万鸦老。

1942年1月11日，"H作战"启动，日军第16军开始了兰印地区（荷属东印度）的作战，分别于 1 月 25 日占领巴厘巴板、1 月 31 日占领安汶、2 月 14 日占领巨港等地。第 16 军于 3 月 1 日登陆最终目标——爪哇岛。爪哇岛上的盟军于 3 月 9 日投降。

1942 年 1 月 23 日,"R 作战"取得战果,南海支队登陆了俾斯麦群岛新不列颠岛的拉包尔,而守军于 2 月 6 日投降。

No.2 巴丹死亡行军

在日军整个南方作战中,对于盟军来说,唯一的闪光点就是美军的菲律宾巴丹半岛之战。1 月 9 日,日军开始进攻巴丹半岛,遭顽强抗击。美菲军与日军展开激烈的山地战、丛林战和阵地战。交战中,木村支队被围,前来救援的日军被歼一个营。月底,日军因伤亡严重丧失攻击力,被迫转入防御,战局一度陷入胶着状态。3 月中旬,麦克阿瑟转赴澳大利亚,留守美菲军由温赖特少将指挥。日军得到第 4 师增援后实力增强,并以航空兵和炮兵轰击美菲军

▼ 占领巴丹半岛的日军在欢庆"胜利"。

阵地。4月3日，日军以第4师、第65旅为主力对巴丹半岛再次发起进攻。双方在丛林中展开殊死战斗。美菲军既无援兵又缺补给，在日军猛烈攻击下，巴丹半岛守军7.5万人（其中美军9,300人）于4月9日投降。10日起，这些美菲军战俘在酷暑下的菲律宾丛林中步行了100多公里，被押往邦板牙省的圣费尔南多战俘营，在那次押送过程中，没有任何食物和水，78,000名美国和菲律宾俘房中有15,000人死于饥饿、疾病或被杀害，史称"巴丹死亡行军"。

韦尔顿·汉弥尔顿等当年的幸存者最近公开讲述了这段至今仍令他们谈之色变的痛苦经历。

汉弥尔顿于1940年10月加入了美国陆军航空兵部队，之后不久他就登上了一艘军舰到菲律宾参加战斗，他成为美国最后一批赴菲律宾作战的士兵之一。当世界上绝大部分人的目光都盯着遭受日军奇袭的夏威夷珍珠港时，汉弥尔顿和他成千上万的战友却在菲律宾为生存而浴血奋战。韦尔顿·汉弥尔顿回忆道：当一发炮弹呼啸着从他头顶飞过时，他本能地趴在泥土中，幸好那发炮弹打在了树上，弹壳炸成碎片四处飞散。令人不可思议的是，有一块弹片击中了站在他身后的一个卫兵，那人当场死亡，而他却安然无恙。当时，汉弥尔顿正在一条河岸后面挖战壕，那个卫兵的血溅了他一身，他匆忙把血擦了擦。但对他来说这并不可怕，最让他忍受不了的是饥饿，他筋疲力尽，脑子里只有一个可怕的想法，那就是逃跑。

汉弥尔顿说："日军轰炸机对我们狂轰滥炸，那真是一场灾难。我们的战斗机第一天升空，便都被日本人打下来了，然后他们又对地面上的飞机进行轰炸。没有了空中力量，我们只好改成步兵。"地面部队撤退到巴丹半岛的海岸附近，他们在那里试图阻击日本人，但战斗的代价相当高昂，由于支援和供给被切断，士兵又病又饿，一个接一个地倒下了。汉弥尔顿回忆说："我们的粮食完全断绝了，只好把第26骑兵部队的马吃掉。"在巴丹半岛上的美国和菲律宾士兵要么投降，要么全部死亡，他们别无选择。经过了4个月的战斗后，巴丹半岛部队的司令官爱德华·金少将下令78,000名美国和菲律宾军人向日本人投降，那一天是4月9日。

但是投降后，更大的噩梦来临了。巴丹血战的另一个幸存者拉塞尔·格罗科特在他的传记《一千二百天》中写道："投降的命令下达后，所有的人挤成一团等待着厄运的降临，许多人竟然当着日本人的面哭了起来，美国军人和菲律宾军人都在哭。"

据格罗科特回忆，许多人开始逃跑，但他们被命令站住，日本人开始搜刮他们的财物，手表、水壶、钱夹、戒指等所有值钱的东西都被抢走了。战俘们被分成每300人一组，然后开始行军。他们从马里韦勒斯出发步行到圣费尔南多去，全程100公里，然后再步行10公里到多奈尔兵营。这段行程对一名军人来说称不上漫长，可是在整个行程中，日本人不给他们任何食物和水。投降的美国士兵和菲律宾士兵本来就病得厉害，而且都饿得不行了，哪有力气行军！

▲ 美军科雷希多岛守军向日军投降。

　　汉弥尔顿回忆说，他在 8 天里吃的唯一的食物就是一个像高尔夫球那么大小的米饭团子，竟然就坚持了下来。巴丹半岛另一个幸存者克拉伦斯·拉尔森在他的一本名为《漫长的回家之路》的书中描述了当时的情景，他写道："没有食物倒还不是我们最大的痛苦，主要的问题是没有水，大部分人都快渴死了。他们一路上拼命找水喝，许多人只要看见水就喝，也不管有多脏。途中有一个休息点正好在桥上，下面倒是有水，可是上面漂浮着绿色的泡沫，你根本看不见水，可是一些人也顾不得那么多了，跳下去便往水壶里灌水，可是我没有下去，因为里面还飘着几个士兵的尸体，看样子在里面有好几天了，当时的气温有约 38 度，你可以想象那水的味道是什么样的。"

　　汉弥尔顿表示："更可气的是日本军人，他们简直就是玩死亡游戏。对许多美国军人和菲律宾军人来说那样的脏水也是他们的救命水，可是，日本人一看见有人去取水喝就用刺刀刺或者开枪射击，许多人就因为一口脏水而死在日本人的刺刀下或是枪口下。即使你有幸逃过了日本人的刺刀和枪口，只要你喝了那里的水也在劫难逃，只不过死得稍慢一点，死得更痛苦一点罢了，因为河里的水被严重污染，喝了会引发严重的腹泻和呕吐，你会慢慢倒下而掉

▼ 东京市民在皇宫前挥舞太阳旗，庆祝日军在太平洋岛屿作战的胜利。

队，最后的结果还是死路一条。那真是太恐怖了，我实在一点力气也没有了，感觉再向前迈一步也是不可能的，可是我亲眼看到有人被日军开枪打死了，所以一下子好像有一个死亡天使站在我身后，推着我向前走。"

汉弥尔顿毕竟还有力气向前走，但许多人早已筋疲力尽，真的一步都走不动了，于是一头栽倒在地，再也爬不起来。在那段不长的行军中，竟然有 15,000 名美国和菲律宾士兵饿死、渴死、累死或是被日本人杀死，在随后的两个月里，又有 26,000 人死于战俘营中！

死了那么多人，汉弥尔顿居然不在其中。他说："我发誓，一定要活下来。那么残酷的行军都挺过来了，怎么可以再死在监狱里？"在他的噩梦结束之前，汉弥尔顿他们在那个监狱里忍受了 3 年的苦难，他们被折磨、拷打，强制做苦力，而且经常挨饿，好多人就是在那个日本人的营地里饿死的。

4 月 10 日，日军占领米沙鄢群岛等战略要地。日军攻占巴丹半岛后，对科雷希多岛连续实施炮击和轰炸。5 月 2 日，日军对该岛实施火力准备，5 日在炮火掩护下分左右两路登陆，对岛上要塞发起攻击。1.5 万名美菲军依托坑道工事抗击，并组织敢死队展开白刃战。6 日，日军后续部队投入战斗，温莱特率美菲军余部投降。7 日，日军占领该岛。10 日，驻棉兰老岛和北吕宋山区的美军投降。18 日，驻班乃岛美军停止抵抗。至此，日军控制菲律宾全境。

在太平洋战争中所有登陆战役中，菲律宾登陆战役可能不像以后的登陆战役那么辉煌，也没有以后许多登岛战役中产生那么多的荣耀。但菲律宾守军的强烈抵抗，使日军原定的 45 天占领菲律宾计划破产，结果到科雷希多岛被占领至少花了日军 150 天的时间，成为日军闪击东南亚中的唯一的阻力，对鼓舞盟军的斗志，拖延日军的进攻势力，具有很高的战略意义。

No.3 日军战略——取得莫尔兹比

日本自 1941 年 12 月 7 日偷袭珍珠港开始，全面发动了太平洋战争，运用突袭的手段，在 3 个多月的时间里，以损失 1.5 万人的轻微代价，打败了美英荷在远东的 30 余万军队，夺取了东自威克岛、马绍尔群岛，西至马来半岛、安达曼和尼科巴各岛，南至俾斯麦群岛地区等几乎整个西太平洋，控制了这一地区 1.5 亿人口和丰富的战略资源，包括东南亚丰富的石油。

这一巨大的成功大大出乎了制订计划的日本大本营的预料。正如在西方德军以闪电突袭战征服欧洲一样，日军的闪电突袭战攻势，迅速夺取了东南亚战场的胜利。中西太平洋岛屿的占领打开了日军通向澳大利亚和夏威夷海域的大门，重挫了盟军的士气，使盟军一开始作战就陷入被动状态。

日本整个民族再次陷入战争狂热之中。在这几个月里，日本军队每取得一次胜利，狂热的东京市民们就早早地排起长队，呼喊着"大日本帝国万岁"、"天皇万岁"等口号，挥舞着纸制太阳旗，涌到皇宫门前举行祝捷大会。

炫目的成功往往产生致命的诱惑。日本又开始了新一轮赌博，梦想着可以利用占领区来积蓄新的力量，继续征服向外扩张，控制阿留申群岛西部、中途岛、萨摩亚、斐济、新喀里多尼亚以及新几内亚南部的莫尔兹比港。如果这种扩张能够得以维持，那么美国和澳大利亚之间的直接交通将被切断，而且，日军在那里将获得发动进一步攻击所需的基地，西太平洋将彻底处于日本的控制之下。"大日本帝国"将走向前所未有的辉煌，这是大和民族从未有过的荣耀！

日本已沉迷于赌局的诱惑，彻底地忘记了即使赢了这场赌局，结果也不过是他们的优势能多保持1年时间；倘若输了，优势便要少保持1年。太平洋战场波澜壮阔的舞台才正式展开，惊醒了的美国巨人已正式开始与日本在整个太平洋的角逐。

当侵略野心落实到下一步战略指导上时，日本陆海军存在的分歧又出来了。

日本海军受到初期胜利的鼓舞，主张采取攻势战略，扩大既得战果，对澳洲、夏威夷、印度采取积极攻势，特别是攻占澳洲，摧毁英美反攻的基地，迫其陷于守势，争取更为有利的战略态势。日本陆军由于主力正在中国大陆与中国军队血战，没有多余的兵力投入下一轮进攻，则主张采取守势战略，消化战争成果，努力加强自给自足的态势和增强国家的作战能力，以便坚持长期战争。

陆军尤其反对进攻澳洲，认为澳洲国土广袤、交通不便、民风剽悍，劳师远征实非易事，而且至少需要12个师团的兵力，可能削弱对苏战备和中国战场的力量，并对已十分紧张的海运造成极大压力，不利于整体战略态势。但是，对于澳洲作为英美反攻的最大据点，陆军也给予极大关心。

最后双方达成协议：海军放弃攻占澳洲，陆军支持海军采取局部积极攻势，切断美澳联系。对美英反攻的时间，大本营判断最早也要在1943年中期。在此战略指导下，日军大本营制订了切断美澳间海上交通线的作战计划，即"FS"计划，目标是占领东部新几内亚的莫尔兹比、萨摩亚、斐济和新喀里多尼亚。莫尔兹比是澳洲北部第一战略要点，巴布亚湾沿岸，是盟军反攻日本的重要基地。日军若占有，则可建立有利的海空防御态势，切断该方向的美澳交通；若澳军占据，则可威胁拉包尔的日军基地。因此，日军对莫尔兹比势在必得。

▲ 美西南太平洋战区总司令麦克阿瑟（左）与太平洋战区总司令尼米兹在一起研究战争形势。

No.4 美军战略——攻占拉包尔

盟军对日本下一步的侵略方向，心里十分清楚，考虑到美太平洋舰队已受重创和英"Z舰队"已覆灭，海军实力十分弱小，需要冷静地进行战略筹划。

1942年3月英美联合参谋长委员会达成分区负责协议，决定太平洋海域，包括菲律宾、澳大利亚、荷属东印度群岛（苏门答腊岛除外）由美国负责；印度洋海域和苏门答腊岛由英国负责。

美国参谋长联席会议根据美英达成的分区协议，将美国负责的战区划分为西南太平洋战区和太平洋战区，西南太平洋战区包括赤道以北、东经130度以西、北纬20度以南、赤道以南、东经160度以西广阔地区，由从菲律宾虎口余生的美国陆军上将麦克阿瑟担任战区总司令，统一指挥该地区美、澳等同盟国所有陆海空军；太平洋其他地区为太平洋战区，由美国太平洋舰队司令尼米兹海军上将任战区总司令，统一指挥该地区所有同盟国武装部队。美国参谋长联席会议通过陆军总参谋长和海军作战部长对麦克阿瑟和尼米兹实施战略指挥。

为了遏制日军在南太平洋的扩张，1942年4月20日，美军组建了南太平洋部队，由戈姆利海军中将指挥，下辖第61、第62特混编队，拥有航母3艘，战列舰1艘，巡洋舰14艘，驱逐舰32艘，隶属尼米兹的太平洋战区。

5月17日，戈姆利从华盛顿抵达司令部所在地新喀里多尼亚的努美阿，随即将司令部前移至新西兰的奥克兰，积极组织战役准备。

6月3日的中途岛海战的胜利为美军的反攻提供了前提条件，盟军盯住了拉包尔。

拉包尔（Rabaul），又译腊包尔，是巴布亚新几内亚新不列颠岛东部新不列颠省的首邑。1910年德国人首先在红树林的沼泽上填土建镇，将它命名为拉包尔镇，含义就是Kuanua的红树林（当地语言）。

第一次世界大战后，拉包尔镇的所有权由德国转归英国，随后便成为新几内亚领地的首邑。在第二次世界大战前，拉包尔镇被建设成为一个地方基地。

日本轰炸珍珠港引发太平洋战争后，显然，拉包尔也可能会被攻击。因此在1941年12月，镇上的所有妇女和儿童都被疏散了。1942年1月拉包尔受到了日军大规模的轰炸，1月23日拉包尔战役开始，数以万计的日本海军陆战队员登陆拉包尔。他们将拉包尔建设成一个日军南太平洋的核心基地，日本军队开掘了数公里的隧道作为防空洞，以躲避联军的空中轰炸。在1943年以前，有大约11万名日军驻扎在拉包尔。

▲ 在太平洋丛林中作战的美军。

第二章

梦碎——美军反攻

　　"越岛战术"这种战争方式的实际应用，就是避免以大量的伤亡进行正面的攻击；就是避开日军据点，切断补给线，使他们无所作为；就是孤立他们的军队，使他们在战场上饿死……这就是我调动部队与拟定作战计划的指导思想。

——西南太平洋战区盟军司令麦克阿瑟

No.1 反攻在即

围绕如何反攻日军、夺取拉包尔的问题上，美国陆海军之间也免不了一场争吵。麦克阿瑟主张以3个陆军步兵师和1个海军陆战队师在海军舰队掩护下，在俾斯麦群岛登陆，计划用两周时间攻占拉包尔。尼米兹对此表示反对，他认为拉包尔的防御设施非常坚固，还部署有实力雄厚的岸基航空兵，并能及时得到联合舰队的支援。尽管日军联合舰队主力已经在中途岛战役遭到重创，但仍拥有4艘航母，而美军此时在整个太平洋只有2艘航母，如果贸然实施登陆，势必引发双方主力舰队之间的决战，这种海上决战美军并无绝对把握，一旦登陆不成，再损失宝贵的航母，必将对以后的战局产生严重影响。因此他坚决反对直接实施登陆，而是提出步步为营的战术，即在航母舰队和岸基航空兵的支援下，由海军陆战队首先在所罗门群岛南部岛屿登陆，随即在新占岛屿上修建机场，扩展岸基航空兵的作战范围，然后在航母和岸基航空兵的共同支援下，逐步沿所罗门群岛北上，逐渐将拉包尔纳入美军岸基航空兵的作战范围，最后再组织力量攻占拉包尔。

美国陆、海军关于战役战术和战役领导权之争，反映了陆海军之间深刻的矛盾，双方互不相让，最后只得由罗斯福总统主持进行协商，才得以解决。参谋长联席会议根据总统指示于1942年7月2日制订了代号为"望台"的作战计划，计划分为三阶段进行，第一阶段于8月1日开始行动，由尼米兹指挥，以太平洋战区部队为主，西南太平洋战区部队配合，以圣克鲁斯群岛和图拉吉岛为目标；第二阶段由麦克阿瑟指挥，攻占所罗门群岛的其他岛屿及莱城、萨拉莫阿等地；第三阶段仍由麦克阿瑟指挥，夺取新不列颠岛和新爱尔兰岛，并最后攻占拉包尔。美军参谋长联席会议考虑到，虽然太平洋战区和西南太平洋战区的作战区域分界线是东经160度，但由于第一阶段作战时会有一些太平洋战区的部队进入西南太平洋战区地域，为避免指挥上可能会出现的摩擦，发布命令将两个战区的分界线西移1度，改为东经159度。如此一来，瓜岛和图拉吉岛都划入了太平洋战区。这一决定虽然解决了战区指挥权的问题，但没有明确海军特混舰队与海军陆战队之间的指挥关系，给以后的作战指挥埋下了隐患。

No.2 临危受命

1942年6月16日，日军占领位于南太平洋所罗门群岛东南的瓜达卡纳尔岛。瓜岛是所罗门群岛第二大岛，长145公里，宽40公里，面积约6,500平方公里，地处赤道以南的低纬度地区，典型的热带气候，炎热潮湿，岛上遍布茂密的热带丛林和沼泽，是毒蛇毒虫的乐园，但在该岛兴建机场后，可派出航空兵力，以掩护对新几内亚岛的莫尔兹比港的进攻。日军工

▲ 美西南太平洋战区总司令麦克阿瑟。

　　程兵经过紧张的施工，至8月初，瓜岛机场已基本建成，辅助设施也大体完工。此时，瓜岛有日军工兵2,700人，警备部队240人，共约2,940人；图拉吉岛有日军工兵140人，航空部队400人，警备部队200人，共约740人。

　　美军发现如果瓜岛机场修成，日军从这一机场起飞的飞机能够到达圣埃斯皮里图岛、埃法特岛、新喀里多尼亚岛一线，严重威胁了美国至澳大利亚的海上交通线。参谋长联席会议立即将"望台"作战的第一阶段作战目标改为瓜岛和图拉吉岛。太平洋战争中美国第一次发动两栖作战。由于岛上的日军毫无准备，8月7日，美军海军陆战1师一枪未发就成功上岸，到日落时已有1.1万余人登上瓜岛。美军抓紧时间抢修瓜岛机场，8月17日，瓜岛机场完工，师长范德格里夫特将这个机场命名为亨德森机场，以纪念在中途岛战役中英勇牺牲的海军陆战队航空兵中队长亨德森少校。瓜岛机场对瓜岛战役的胜利起着决定性的作用。美军飞机开始进驻，组成了瓜岛岸基航空兵，飞行员见机场四周长满了仙人掌，就把自己这支小飞行队称为"仙人掌航空队"。虽然美军飞机数量较少，性能也比日军的"零式"战斗机稍逊一筹，但是美军占有地利，日军没有前进基地，所有飞机都只能从拉包尔起飞，受航程的限制，在瓜岛上空只能停留15分钟。而美军凭借所罗门群岛海岸监视哨的有效预警通报，可以在日机

◀ 正在瓜岛登陆的美海军陆战队队员。

▶ 时任美海军陆战 1 师师长的范德格里夫特。

到来前两小时得到报告，通常在日机来临前半小时起飞，在日机飞行航线上抢占有利高度和位置，以逸待劳，从容取胜。以后，"仙人掌航空队"以空制海、以空制岛，频频出动攻击日军的运输编队和攻击舰队，协助美军登陆作战，打击与摧毁日军岛屿上的阵地工事，屡见奇攻，成为西南太平洋日军的梦魇。

日军对瓜岛也是势在必得，但仍不肯放弃进攻莫尔兹比港的计划，试图同时获得瓜岛与莫尔兹比。日军一开始对瓜岛反击只投入少量的兵力。第一批投入的是以精锐著称的一木支队约 3 000 人左右，狂妄的一木支队很快全军覆灭，身负重伤的一木在坦克开来之前，在海滩上烧毁了军旗（日军步兵联队军旗由天皇亲授，决不能落入敌手），然后剖腹自杀。日军渐感瓜岛美军力量非同小可，决心拿出王牌第 2 师团，争取在 8 月底前夺回瓜岛。第 2 师团以日俄战争时辽阳会战中夜袭弓长岭著名，即使在以顽强著称的"皇军"中也威名远振。1931年"九一八"事变时几乎以自己一个师团之力攻占全东北（也有东北军不抵抗因素），是号称不败的常胜师团。"二战"时日军将领认为，日本兵中以东北、九州兵最强，来自仙台的第 2师团正是东北兵之代表（九州兵代表则是来自熊本的著名的第 6 师团）。此次大本营特意调该师团登陆瓜岛，正是希望其发挥"夜老虎"的长处。师团长丸山政男也夸口说："我师团自日俄战争以来从未后退过,不知失败为何物"。

美日围绕瓜岛的争夺日趋白热化。由于瓜岛"仙人掌航空队"的巨大威胁,日军没有能力组建登陆编队突击登陆瓜岛,只能使用驱逐舰在夜间高速通过"槽海",将登陆部队和大量作战物资送上瓜岛,返回时顺路再炮击机场。因为日军的驱逐舰几乎每天都准时出动,被美军称作"东京特快"。海军作战部长诺克斯和陆军参谋长马歇尔、陆军航空兵司令阿诺德认为瓜岛的战斗消耗着日军的飞机、舰艇和兵员,将大大削弱日军在太平洋其他地区的防御,小小的瓜岛成为太平洋战场上对整个战局具有决定意义的地方,并因此名垂青史。

至10月初,瓜岛已成为美国全国关注的焦点,尼米兹认为瓜岛的局势确实危急,考虑到戈姆利缺乏胆识与魄力,导致部下怨声载道。尼米兹决定阵前换将,推荐由敢打敢拼有着"蛮牛"之称的哈尔西中将接替戈姆利的职务。10月18日,刚刚病愈出院的哈尔西接到就任南太平洋战区司令的命令不觉失声叫道:"这可真是一个最烫手的土豆!"听到将由深受官兵敬重的哈尔西来指挥,广大中下级官兵闻讯后无不欢欣鼓舞,士气为之一振!一位陆战队军官回忆当时的情景:"这是我永远不会忘记的情景,那时我们忍受着疟疾的折磨,连爬出战壕的力气都没有,但听到了哈尔西就任的消息,都高兴得像羚羊一样跑着跳着欢呼雀跃!"哈尔西到任后立即召开作战会议,并将范德格里夫特召到努美阿听取有关瓜岛情况的汇报,范德格里夫特表示他还能坚持,但必须得到增援。哈尔西立即回答:"我会把我的全部家底都给你!"

10月16日,日军百武中将指挥第2师团开始清除美军的外围据点,22日分三路向瓜岛机场发起总攻。正当日军要发起总攻,突降暴雨,部队根本无法看清目标,丸山只得再推迟两小时。两小时后,日军终于开始总攻时,狂呼着冲向美军阵地,美军早已严阵以待。美军的潜伏侦察哨早就报告了日军的动态,在阵地前的铁丝网上挂上很多金属片,使日军一接近就会被发现,特别是第二线阵地的陆军第164团,装备的是新式半自动步枪,火力极强,日军几乎是迎着雨点般的子弹冲锋,一片一片被扫倒,日军的第一次冲锋就这样被击退。丸山随即组织了第二次冲锋,日军踏着同伴的尸体如潮水般涌来,美军以密集火力射击,日军不顾一切拼死冲击,个别地段的日军取得了突破,美军仍坚守不退,很多地段都发生了惨烈的白刃肉搏,丸山以为胜利在握,发出了攻占机场的电文。日军5艘满载士兵的驱逐舰在1艘巡洋舰的护卫下立即向瓜岛进发,准备为陆军提供炮火支援并一举占领全岛。但美军的整个战线并未崩溃,海军陆战队发扬了顽强的战斗作风,终将日军的进攻粉碎。日军阵亡约1,000人,美军弹药消耗惊人的高,有一名机枪手一个晚上竟然发射了2.6万发子弹!黎明时分,丸山被迫放弃进攻,发出占领机场尚有困难的电文。10月25日晚,丸山孤注一掷,发动了最后的决死攻击。日军拍着枪托有节奏地用英语叫道:"为天皇讨还血债!美国海军陆战队!到

明天就死！"美军毫不示弱地回骂："为罗斯福讨还血债！让天皇见鬼去！"接着日军发起了自杀性冲锋，在美军的铁丝网前被密集的子弹成片打倒，丸山指挥活着的人，一次次发起攻击。日军虽付出惨重代价取得了局部的突破，但很快就被美军纵深火力所消灭。整个夜间日军一共发起 7 次攻势，都被击退，天亮时日军留下的尸体就达 2,500 具，丸山见败局已定，只得下令撤退，这在第 2 师团的历史上还是首次战败。精锐的"仙台"师团遭到灭顶之灾，士兵阵亡约 1/3，军官阵亡近一半，可谓元气大伤。至此，这个"常胜师团"损折过半，残余官兵患了"恐战症"，"仙台武士"从此一蹶不振。丸山率领残部退入丛林，接下来的 5 天艰苦行军使这支部队的死亡率更是高达 50%，成为真正的死亡行军。但百武仍不甘心失败，他认为岛上还有 1.5 万日军，只要再派一个师，仍有取胜的把握，遂电告拉包尔请求速派第 38 师团上岛参战。

瓜岛日军的处境十分艰难。因为连日激战，伤亡惨重，而且补给缺乏，疾病缠身，无力抗击美军的攻势，被迫退入丛林。日军在丛林中饱受折磨，瓜岛的"瓜"字，日语读音有饥饿的意思，日军便将瓜岛称为"饥饿岛"，又由于瓜岛之战伤亡巨大，而且看不到结束的迹象，还有人把瓜岛叫做"无底洞"。东京的广播中则把美国海军陆战队第 1 师叫做"瓜岛屠夫"。从这

▲ 瓜岛战役中被美军击毁的日军运输船。

些称呼中，可见日军的士气之低落，为鼓舞士气，日军甚至向瓜岛派来了"慰安妇"。

11 月 8 日，哈尔西亲自飞抵瓜岛，作短暂视察，以鼓舞士气，在岛上进行的记者招待会上，他提出了著名的打赢战争的方案："消灭日本鬼子！消灭日本鬼子！不断消灭日本鬼子！"这一方案立即就成为报纸的头条新闻。

瓜岛海战主要目的就是向瓜岛运送援兵和物资，并阻止对方的增援。但因瓜岛机场始终在美军手里，日本海军在无制空权情况下也无法赢得瓜岛海面的制海权，企图强行输送兵员却遭来大屠杀。仅在 14 日的战斗中，日军增援编队就有 1 艘巡洋舰和 10 艘运输船被炸沉，1艘运输船遭重创，3 艘巡洋舰被炸伤。日军付出极大代价，从肖特兰岛运输 1.35 万人和 1 万吨物资，最终运到瓜岛的只有 2,000 余人和 5 吨物资，而来自名古屋的 38 师团素以精锐自夸，攻占香港作战也不过死亡 600 多人，师团主力东海林支队以横扫婆罗洲闻名，这次却在一枪未发的情况下随运输舰被送进海底，确实是死不瞑目。日军煞费苦心的增援计划，又告失败。日军不仅付出了很大代价，而且所运输人员的 85% 和物资的 99% 都损失了，增援企图再次落空。岛上日军后期断了供应，平均每天非战斗死亡 100 多人，逐渐陷于崩溃。

1942 年 12 月初，美军海军陆战队第 2 师和陆军第 25 步兵师被运上瓜岛，接替了疲惫不

堪的海军陆战队第 1 师。这支英勇顽强的部队，在 4 个月的激战中因伤病减员达 7,800 人。范德格里夫特看着满身硝烟的部下，激动地说："完全可以这样讲，4 个月前的今天开始的这场中等规模的战斗，通过你们的努力，已经成功地挫败了敌人在太平洋上的重要目标！"虽然瓜岛争夺的最后胜利是在其他部队手中完成的，但瓜岛辉煌胜利的功臣首推陆战 1 师，所以战役结束后，陆战 1 师荣获由罗斯福总统颁发的"优异部队"称号，成为获得这一荣誉的第一支部队。12 月 9 日，帕奇少将从范德格里夫特手里接过了瓜岛地面部队的指挥权。陆战 1 师带着瓜岛的赫赫威名撤回澳大利亚休整。从此后，陆战 1 师在其师徽上写下了"GUADALCANAL"（即瓜达卡纳尔），以纪念血战瓜岛的辉煌战绩，陆战 1 师也因瓜岛之战而名垂青史。至 1943 年 1 月，美军在瓜岛的地面部队已达 5 万人，补给充足，士气旺盛。

瓜岛之战，对于日军来说，唯一可圈可点之处可能就是瓜岛撤退。12 月 31 日，日本大本营御前会议作出最后决定，终止瓜岛作战，撤回瓜岛的部队。根据御前会议的精神，大本营于 1943 年 1 月 4 日向联合舰队司令山本和第 8 方面军司令今村下达撤离瓜岛的命令，撤退行动代号为"K 号作战"。基本精神是在准备总攻的掩护下进行撤退的各项准备。这是一次非常高明的撤退行动。以至于 1 月 22 日，哈尔西陪同海军作战部长诺克斯和太平洋战区总司令尼米兹视察瓜岛，三位久经沙场的高级将领都没有察觉出日军即将撤退的迹象。当 2 月 7 日，日军由小柳少将指挥 18 艘驱逐舰进行最后一次撤退时，雷雨如注，撤退的人员中有百武和第 17 军军部人员约 2,639 人，许多人因为极度虚弱，甚至连攀登驱逐舰上绳梯的力气都没有，只好由驱逐舰上的水兵连背带拽拉到舰上。海滩上还有数百名奄奄一息的重伤病员，无法接运上舰，只好给他们留下手榴弹，用以自尽。

围绕着瓜岛的争夺，日美双方在 6 个月的时间里，在岛上共进行了三次大规模作战，美军参战兵力最多时达到 6 万人，阵亡 1,592 人，负伤 4,200 余人，日军投入瓜岛的陆军兵力约 3.6 万，战斗中阵亡约 1.4 万人，因伤病致死或下落不明的有 9,000 余人，合计死亡近 2.38 万人，还有 1,000 余人被俘。日军的两支精锐部队——有"仙台武士"之称的第 2 师团和来自名古屋的第 38 师团损失惨重，几近覆没。美军仍控制着瓜岛，而在瓜岛附近海面美日海军进行了大小海战30余次，其中较大规模的海战就有6次，双方损失的驱逐舰以上的舰只各24艘，吨位也大致相当。美国海军阵亡约3,300人，伤约2,500人；日本海军的伤亡则高达2.5万人。

山本在日记中哀叹道："我们最初的作战是何其辉煌！自中途岛以来，我们的作战是多么糟糕！"

No.3 梦碎魔鬼山

对于日军来说，在瓜岛血战的同时，真正的目标是攻占新几内亚岛巴布亚半岛的莫尔兹比港。巴布亚半岛是新几内亚岛向东南方向的延伸，构成了这个巨大鸟状岛屿的尾巴，面积23.45万平方公里。半岛大部分地区还处在原始状态，地形极为复杂，除了一些狭窄的海岸平原外，多为难以通行的丛林和山地，峰峦峭壁，高原深谷，溪流纵横，相互交错。半岛内陆地区为热带雨林所覆盖，沿海地区则分布着大片的沼泽和库纳草地。库纳草叶缘锋利如刃，通常能长至一人多高。半岛终年高温多雨，中部山地的年降雨量高达3,000 - 4,000毫米。绵延300千米的欧文·斯坦利岭像脊梁一般横亘在半岛上，海拔在2,500 - 3,000米之间，最高点维多利亚山海拔4,035米，是半岛上南北交通的最大障碍，日美双方都称之为"魔鬼山"。翻越欧文·斯坦利岭的捷径就是科科达小道。自布纳向西南50公里渡过库姆西河，地势陡然升高，在河边的台地上有一个叫科科达的土著村庄，当地还有一处简易机场。自科科达向南沿埃拉溪谷经坦普顿路口就到达翻越山脉的隘口——被形象地称为"大豁口"——海拔约2,300米，最窄处仅容一人通过。通过隘口，一路往西南经伊奥里贝瓦、伊米达岭等地，就可直达莫尔兹比。这条全程约240公里的小路成为双方争夺的焦点。

隆美尔曾称北非沙漠是战术家的天堂，后勤官的地狱，而新几内亚的丛林则是两者共同的噩梦。半岛上绝大部分地区根本没有适合大部队开进和车辆通行的道路，只有一些人迹罕至的土著小道，军队几乎是边修路边前进，补给大多由人力运输。双方都征召了大批当地土著人充当苦力，但根本满足不了前线需要，后勤始终是困扰作战的最大问题。

复杂的地形，浓密的雨林，都极大地限制了部队的机动和火力发挥，更多的时候，双方在丛林里作捉迷藏式的战斗。在美军看来，日军想翻过欧文·斯坦利岭进攻莫尔兹比简直是不可能完成的任务，但日本人却那样做了，而且还差点就成功了。

日军先遣队由独立工兵第15联队主力、第144联队1大队及部分山炮、高炮分队和海军陆战队组成，约1,800人，还有1,300名劳工，由独立工兵第15联队长横山与助大佐指

▲ 澳军炮兵炮击登陆的日军。

挥，于 1942 年 7 月 20 日从拉包尔出发。由于盟军的疏忽和判断失误，横山先遣队几乎未受阻碍地于 21 日夜在布纳西北约 15 千米的巴萨布阿登陆，并于次日占领布纳和戈纳。22 日，横山大佐派出 900 人向科科达前进。日军登陆当天，仅有澳军第 30 旅第 39 营 B 连（连长萨缪尔·坦普顿上尉）的 129 人驻科科达，另有约 300 名当地民兵。22 日傍晚，双方首次交火。由于兵力相差悬殊，澳军只能边打边撤，并烧毁了库姆西河上的桥梁。第 39 营营长威廉姆·欧文中校得知日军登陆，急令该营在莫尔兹比的其余 4 个连陆续沿科科达小道驰援，自己乘飞机于 24 日到达前线，但发现无法阻止日军在重机枪、迫击炮和步兵炮支援下发动的进攻，战至 29 日，坦普顿上尉和欧文中校先后阵亡，日军占领科科达。

坐镇拉包尔的百武中将得知横山进展顺利，遂向大本营报告由陆路进攻莫尔兹比是可行的，构想是以南海支队主力沿科科达小道进攻莫尔兹比，以川口支队（步兵第 35 旅团）和海军陆战队攻占米尔恩湾附近的萨马赖岛，建立海空基地，并相机与南海支队夹攻莫尔兹比，以青叶支队（以第 2 师团第 4 联队为基干）为军预备队。但美军在瓜岛的反攻打乱了百武的如意算盘，他不得不调一木支队和川口支队增援瓜岛。由于没有预备队的支援，堀井富太郎少将只能用南海支队去挑战欧文·斯坦利山和顽强的澳大利亚人。

盟军对日军的意图也没有完全了解，认为由于地形复杂，供给困难，日军翻越欧文·斯坦利山进攻莫港的可能性不大。

8月26日，南海支队长堀井富太郎少将率领第144联队全部和第41联队的两个大队，共计5个步兵大队，由独立工兵第15联队主力担任支援，开始翻越欧文·斯坦利山。全军携带半个月的口粮。日军分为两个战斗群，分别由第144联队长楠濑正雄大佐和第41联队长矢泽清美大佐率领，交替掩护，像"一群有魔力的蚂蚁"，绕过澳军防线在丛林中渗透着前进。日军在马来西亚和缅甸战场上已经掌握了丛林战的技巧，士兵轮流用大砍刀在丛林中劈出一条路来。每名士兵还配有一把带孔的小铲，可防止泥土沾在铲子上。在湿滑陡峭的山道上，这是一件比机枪、大炮更有效的武器。与日军对垒的只有澳军第39营和第53营，在日军优势

▼ 麦克阿瑟与澳军将领布莱梅将军。

兵力的压迫下，节节后退。除了兵力处于劣势外，澳军供给也很困难，由于小道人力输送和少量空投不能满足需要，只能后退以缩短补给线。日军于9月5日突破澳军防线，到达"大豁口"。在阻击战斗中，澳军守军伤亡很大，到9月6日，第2/14营损失了一半兵力，而第2/16营仅剩一个连。日军的进攻和澳军的败退让西南战区司令部再次惊诧不已，只能继续向莫尔兹比增兵。

日军大本营意识到先前的判断过于乐观了，而且同时夺回瓜岛和攻占莫尔兹比是不可能的，于是将作战重心转向瓜岛，首先全力夺回瓜岛，再集中兵力进攻莫尔兹比，并将驻爪哇的第2师团编入第17军。同时命令南海支队控制前进，在击垮欧文·斯坦利山之敌后，以部分兵力确保山南要点，将主力集结于山北，积蓄力量；将川口支队投入瓜岛，预计9月中旬完成夺回作战；之后，以第2师团增援南海支队，攻占莫尔兹比。

9月8日，南海支队恢复进攻，凭借数量优势继续推进，以寻找一处便于固守的地点，作为再次进攻的前哨阵地。至9月12日，堀井还有约5,000人，但补给已经异常困难了。8月4日接任西南战区空军司令的乔治·肯尼少将对美澳空军进行了大力整顿，以更为积极的行动支援陆军作战。进入9月，盟国空军频繁出动，攻击日军供给线和后勤基地，火力强大的A-20攻击机以低空扫射、轰炸的方式给日军造成了重大损失，令前线供应严重不足，一线日军只能在沿途寻找一切可食的东西充饥。

9月16日，日军占领距莫尔兹比仅48千米的伊奥里贝瓦。此时日军每人每天仅有180克大米，但是，他们已经能望见珊瑚海的白色细浪和莫尔兹比的灯火了，士气十分高涨。堀井选择了伊奥里贝瓦固守待援，他估计至多到10月中旬就可恢复进攻，他对部下训话说："支队将停留在这里，坚守阵地，以便整顿编制，补充战斗力量。我们一定要给莫尔兹比狠击一锤！"而瓜岛形势危急，第2师团也不得不投入瓜岛，孤军南海支队处于十分危急的境地，大本营命令南海支队适时控制山南要点，主力后撤至布纳－戈纳地区，并确保该地。面对近在咫尺的莫尔兹比城，回想一路进军的艰辛，可以想象堀井接到这道命令时的心情。但是，军令不可违，况且他的部队早已是一群衣衫褴褛的饿鬼，强弩之末势不能穿鲁缟，而澳军已经在伊米达山岭构筑了良好的防御阵地，并就近得到补给。无奈之下，堀井命令第144联队第1、第3大队留守伊奥里贝瓦，主力于24日开始后撤，同时，在布纳的留守部队开始构筑工事，做防御准备。

9月23日，布莱梅将军抵达莫尔兹比，全权指挥新几内亚部队。26日，澳7师第25旅在炮火掩护下发起反击，经两日激战，收复伊奥里贝瓦，堀井被迫决定撤退，自己也意外身亡。日军撤退中被迫丢弃大炮，而炮兵军官按照信奉的"人在炮在"原则居然切腹自尽！此时，逃过大难的麦克阿瑟得意洋洋地宣称其大敌"堀井终于可耻地完蛋了"，这是太平洋战争中日本陆军第一次战败撤退，东京的军阀们占领莫尔兹比的迷梦永远破灭了。

澳第7师自9月底以来沿科科达小道追击日军，堀井率领疲惫不堪的队伍边打边撤。在撤退途中，堀井下令将走不动的伤兵一律射杀，表现出十足的残忍！追击的澳军也困苦不堪。"该死的山道"带来的麻烦比日军还要多。滂沱大雨将山道转眼变成深可没膝的黑泥潭。潮湿、疟疾、丛林疮、嗜血的蚊虫和食品短缺成为这场"世界上最艰苦的战斗"的写照。10月初，日军撤过"大豁口"。在撤退中，日军伤亡很大，而且补给不续，缺粮少弹，饥病交加。第144联队二大队机枪中队的井野大尉在日记中记载，他的中队已经以嫩草、树根充饥，有的部队甚至吃澳军士兵的尸体。11月2日，澳军收复科科达。6日，麦克阿瑟在莫尔兹比设立前进指挥部亲自督战，指挥美澳军快速推进追击。日军防御体系已彻底崩溃，盟军发起反攻直至收复了整个巴布亚半岛。此役中美澳军先后投入了3.5万人，伤亡8,546人，其中阵亡3,095人，而因疾病、疲劳和营养不良造成的非战斗减员则为这个数字的3倍。日军伤亡更为惨重。自1942年7月起，日军派遣陆海军部队约1.7万人，损失了1.2万人，350人被俘。然而这只是日军在巴布亚新几内亚大规模死亡的开始！

日军莫尔兹比之梦碎了。

如果没有同时进行的瓜岛战役，巴布亚半岛战役的辉煌战果足以成为太平洋战场上的经典战例，麦克阿瑟也将不必等到重返菲律宾后，再扬眉吐气。巴布亚半岛战役遏制了日军南下的企图，为盟军反攻提供了必要的前进基地。新几内亚的丛林则是一所战争课堂，美军获得了宝贵的丛林战经验，并深刻认识了日本人的武士道精神。肯尼在战后的报告中警告，要战胜日本人"所需的时间、努力、鲜血和金钱，可能无法想象"，那种认为"只要德国垮了，日本一推就倒"的想法是天方夜谭。在以后岛屿和丛林中日本军人不断地重演着"玉碎"，直至战败。总之，巴布亚只是麦克阿瑟回归马尼拉要走的数千里血火之路的第一步。

▲ 麦克阿瑟检阅澳大利亚军队。

No.4 "硬币" 作战

日军终于从失败中意识到战争的主动权已经易手，不得不将战略进攻改为战略防御，确立在西南太平洋确保以拉包尔为核心的俾斯麦群岛以及两翼的新乔治亚岛、布干维尔岛和肖特兰岛的战略防御方针。虽然战略已经确定，但与美军一样，日本的陆、海军也存在不同看法。由于在瓜岛战役中，所罗门群岛的守军主要承担向瓜岛运送补给的使命，防御相当薄弱，现在又由于美军的海空封锁难以得到增强防御所需的物质和人员补充，形势岌岌可危。因此陆军主张放弃中所罗门群岛，将防线后撤至北所罗门群岛。但海军认为所罗门群岛岛屿众多，海域狭窄，便于发现和迎战美军舰队，一旦美军舰队进入更北面的开阔海域，就更难以对付了，因此强烈要求将防线稳定在中所罗门群岛地区。经反复磋商，双方达成协议，在陆军配合和支持下以海军为主，坚守中所罗门群岛；北所罗门群岛的防御则以陆军为主。

美军则调兵遣将，组织反攻。1943 年 3 月 29 日，美国参谋长联席会议决定：哈尔西的部队为右路，沿所罗门群岛北上，从东和东北方向封锁拉包尔；麦克阿瑟的部队为左路，进攻胡翁半岛和新不列颠岛，从西和西北封锁拉包尔。

▼ 美军部队涉水上岸。

4月15日，美军南太平洋两位重量级的将领首次碰面，南太平洋部队司令哈尔西海军中将前往布里斯班的西南太平洋战区司令部，与西南太平洋战区总司令麦克阿瑟陆军上将进行了会晤。两人一见如故，英雄惜英雄，彼此敬重，三天的会议虽然有过争论，但总体相当圆满，共同制订了1943年下半年南太平洋的反攻计划，即"埃尔克顿"计划，后改称"硬币"作战。这一计划规定南太平洋美军在1943年12月前，以所罗门群岛和新几内亚岛为目标，至少实施13次登陆，最终形成对拉包尔的夹击之势。在上述作战中，南太平洋部队和西南太平洋战区的部队必须为对方的作战提供必要支援。5月中旬首先由麦克阿瑟部队发起攻击，夺取伍德拉克岛和基里维那岛；接着哈尔西的部队应占领新乔治亚岛；7月后麦克阿瑟将继续开展进攻，攻克莱城和萨拉莫拉，并占领马丹和胡翁半岛；与此同时，哈尔西的部队也应夺取肖特兰岛和布干维尔岛南部的布因；最后麦克阿瑟将从胡翁半岛推进到新不列颠岛，哈尔西则应全部占领布干维尔岛，实现参谋长联席会议3月29日对拉包尔的反攻指示精神。

7月4日，根据美军"硬币"作战计划，哈尔西开始夺取新佐治亚岛。新佐治亚群岛位于所罗门群岛中部，是日军南太平洋主要海空基地新不列颠岛的屏障。美军之所以选择新佐治

▼ 美军将装备推上滩头。

亚岛主要是因为日军在该岛西北部的蒙达地区建有机场，可以在下一步进攻中发挥作用。新佐治亚岛上的热带丛林，比起瓜岛的丛林，更茂密、更潮湿、也更恶劣，对美军而言，绝对是一种磨难。美军第 43 步兵师的安东尼·库里斯上士，跟随他所在的连队在丛林中艰难行进了 12 小时，才前进了 1,000 米，他对这一经历有过极其生动的描写："我们时而四肢着地翻过山梁，时而连滚带爬滑下山坡，涉过无数条小溪，其中三条比较大的溪流是泅渡过去的。虽是热带丛林，但溪水依然冰凉彻骨，没完没了地在荆棘丛中用砍刀劈路前进、连绵不断的淫雨、蚊虫叮咬，这一切没有尽头的折磨几乎达到了人体所能忍受的极限，丛林的险恶以及沉重的单兵负荷、饥饿、干渴还有不时射来的冷枪，每一天是怎样捱过来的，连自己都说不清，晚上每个人都疲乏到了极点，根本没有警戒和设岗，在丛林中倒头就睡，嘴巴里还在喃喃说着上帝保佑就进入了梦乡。"

就是在如此险恶的丛林中，美军官兵以超人的毅力克服种种难以想象的困难，不仅要面对恶劣的自然环境，还要和穷凶极恶的日军作战，战斗的艰巨无法用语言描述。

坚守蒙达机场的日军在佐佐木少将指挥下，早已将蒙达机场周围建设成被美军称为"蒙达硬骨头"的坚固防御体系，火力点和工事全部是在珊瑚礁上深挖 1.5 米，再用水泥和木头垫高，并加以巧妙伪装，使之成为名副其实的堡垒。日军凭借这些工事顽强抵抗美军的进攻，而此种抵抗是毫无战斗经验的美军第 43 步兵师所难以克服的，该师刚由新英格兰的国民警卫队改编而成，只经过数周的丛林战训练，面对日军的殊死抵抗，显得束手无策。而一旦夜幕降临，对这些新兵而言，简直是地狱噩梦，日军的袭扰使得他们心惊胆战，几乎崩溃，"战地神经症"患者竟然超过美军了在战斗中负伤的人数！美军直至 8 月 4 日才攻占蒙达机场。

夺取蒙达机场之后，应接着在紧邻的科隆班加拉岛实施登陆，夺取该岛东南部的韦拉机场。而日军也是如此判断，所以在争夺蒙达机场的后期，日军东南太平洋的陆海军首脑就开始有计划地向科隆班加拉岛增派部队调集物资，以加强该岛的防御力量，而且还有部分原准备经科隆班加拉岛再转运新乔治亚岛的增援部队也因种种原因滞留在科隆班加拉岛，这样该岛的日军力量大大增强，日军也希望能以坚守该岛来消耗美军有生力量，甚至拖延美军的反攻步伐，为其他地区的防御赢得宝贵的时间。尼米兹和哈尔西发现这一情况后，决定采用"蛙跳战术"，对日军重兵防御的科隆班加拉岛围而不攻，直接进攻在其北面的防御薄弱的其他岛屿。这一战术也称"越岛作战"，区别于早期的逐个岛屿争夺的"逐岛作战"，分段监视或围困某些日军严密防御的岛屿，进攻日军防御薄弱的岛屿。这一战术遵循了"避实就虚"的军事原则，体现了"军有所不击，域有所不攻，地有所不争"的军事思想，其优越性表现在既减少了部队伤亡和损失，又节约了时间，缩短了战争进程。当然，实施"蛙跳战术"的前提是所跳过的这些岛屿，没有强大的海空力量，无力破坏或阻挠美军对其他岛屿的作战。

哈尔西选择的下一个进攻目标是位于科隆班加拉岛和肖特兰岛之间的韦拉拉韦拉岛，该岛与科隆班加拉岛和肖特兰岛的距离几乎相等，都是约100千米，岛上多山，地势起伏崎岖，又没有比较适宜船只停泊的锚地，因此日军认为军事价值不大，加上临近的科隆班加拉岛和肖特兰岛都有机场，如果美军要在韦拉拉韦拉岛登陆，将遭到来自这两岛屿岸基航空兵的夹击，所以日军没有在岛上部署守备兵力，只在该岛东北部的霍拉纽设立了兵站，作为向科隆班加拉岛等地进行海上运输时的中转站。日军此时岛上只有兵站人员近百人，以及百余在韦拉海战中因军舰沉没而就近上岸的幸存者。

哈尔西任命南太平洋两栖部队司令威尔金森海军少将为登陆总指挥，计划投入地面部队包括陆军第35步兵团、第64野战炮兵营、第25骑兵侦察队、海军陆战队第4防御营、海军工程兵第58营和海军基地勤务大队等部队，共约4,600人，登陆编队由7艘快速运输舰、3艘坦克登陆舰和12艘步兵登陆艇组成，由12艘驱逐舰和2艘猎潜艇担负护航。登陆作战代号"乐天行动"。

美军为确保登陆作战的顺利实施，掌握确切的第一手资料，于1943年7月21日从陆军、海军和海军陆战队中抽调精兵强将组织联合侦察分队，乘坐鱼雷艇从伦多瓦岛悄然潜入岛上，进行了整整6天侦察，不仅摸清了岛上日军兵力，还勘测了可供登陆的海滩和建造机场的场址，于28日返回伦多瓦岛。

根据侦察分队的报告，威尔金森决定在韦拉拉韦拉岛东南部的巴雷科马湾的比洛亚海滩实施登陆，登陆日期为8月15日。登陆计划随即获得了哈尔西和尼米兹的批准。

为避免登陆编队航渡途中由于船只航速不同而产生混乱，威尔金森特意根据船只的航速将编队分为三部分，航速最慢的3艘坦克登陆舰由2艘驱逐舰和2艘猎潜艇护航，编为慢速编队；航速中等的12艘步兵登陆艇由4艘驱逐舰护航，编为中速编队；航速最快的7艘快速运输舰由6艘驱逐舰护航，编成快速编队。

慢速编队于8月14日凌晨最先从瓜岛起航，中速编队则于上午起航，快速编队最晚，直到下午才起航。三个编队采取同一航线，均经布兰奇水道和吉佐海峡北上。

经过近一天一夜的航行，8月15日凌晨快速编队已经超过先出航的慢速编队和中速编队，最先抵达韦拉拉韦拉岛海域，驶入预定登陆海域后，便开始组织登陆部队换乘，并向登陆地域发起冲击。早晨7时前，首批登陆部队就已顺利上岸。随后到达的是中速编队的12艘步兵登陆艇，由于登陆海滩比较狭窄，无法同时接纳12艘登陆艇靠岸，只得分批靠岸，因此比预定上岸时间有所拖延。

▲ 麦克阿瑟前往前线视察。

9时，步兵登陆艇终于完成了卸载，坦克登陆舰随之开始驶近海滩，离岸不远就将推土机放出，使其涉水上岸，随即就在海滩上将沙土堆积起来，以便垫起登陆舰的前门，使之能直接向岸上卸载。

整个美军登陆行动中，日军三次共出动近200架次九九式轰炸机和零式战斗机对登陆部队进行空袭。在美军雷达指引下，从瓜岛起飞的"仙人掌航空队"迅速迎击，击落了日军8架轰炸机和9架战斗机。日军空袭只造成美军3艘舰船轻伤，船上人员和海滩人员轻微伤亡。

美军登陆部队上岸后一面向纵深推进，一面在滩头构筑环形防御阵地。入夜后，美军即进入防御阵地严密戒备日军在反登陆作战中所惯用的夜袭，但出乎意料的是，无论是兵站人员还是上岛的陆海军幸存者，都没有发动夜袭，使美军度过了一个难得的平安夜。

天亮后，由于韦拉拉韦拉岛在日军飞机作战半径范围之内，日军飞机多次来袭，使登陆部队的物资卸载作业受到不小影响，但这些袭扰性质的空袭并不能阻止美军的登陆，美军逐步向岛上扩展，并开始修建机场。

8月17日和20日，美军第二、第三批登陆部队陆续登岛。至8月底，美军已有6,300名官兵和8,626吨物资上岛，建立起巩固的登陆场，开始稳步向北推进。

日军大本营陆军部和海军部于韦拉拉韦拉岛登陆战前的8月13日达成一项关于南太平洋战局的协议，规定中所罗门群岛各要地依靠现有守备部队进行防御，由海空部队反击美军的进攻，联合舰队负责确保各岛屿的后勤补给。9月下旬至10月上旬，将陆续放弃中所罗门群岛各要地，将守备部队撤往后方其他要地。日军似乎成为实施撤退的"专业户"，撤退的技巧和战术相当纯熟，一次次从美军的眼皮底下撤出。但日军依靠接二连三成功的撤退是无法扭转太平洋上日趋不利的战局，因为战争胜利不是靠撤退来取得的。

南太平洋战区司令哈尔西海军上将指挥美军乘胜追击。1943年10月21日，美军所罗门航空队将指挥部从瓜岛亨德森机场前移至新乔治亚岛的蒙达机场，所属的轰炸机部队也随即进驻蒙达机场和韦拉拉韦拉岛的巴雷科马机场。这一部署刚刚完成，美军航空兵就大举出动，对拉包尔、布喀、布因等地日军机场进行频繁空袭，使日军在上述地区的5个机场无法使用。西南太平洋战区的第5航空队也于10月23日起连续出动飞机对拉包尔进行空袭，其中10月29日更是达到高潮，出动飞机高达近千架次，给日军航空兵造成了不小损失。

11月1日凌晨，哈尔西命令瓜岛英雄范德格里夫特少将任指挥官的美军第3陆战师、第37步兵师和新西兰军队1个旅等组成第1两栖军共3.4万余人，驶入布干维尔岛奥古斯都皇后湾，随即开始组织登陆部队换乘，向海滩发起冲击。5时23分，第1登陆梯队就已经登上布干维尔岛西岸的托罗基纳角海滩。托罗基纳角是最理想的登陆海滩，因为那儿的港湾是绝佳的避风锚地，水下也没有障碍物和水雷，日军守备部队只有第6师团的第23联队，区区3,000人。更有利的是托罗基纳角海滩不远就是遍布丛林的连绵群山，将是阻止日军反击的天然障碍，虽然海滩后面的平原是沼泽，修建机场困难较大，但哈尔西看到这么多的有利条件，而且相信海军修建大队的杰出工程能力，可以迅速克服这一困难建起机场，所以果断拍板："就在托罗基纳角登陆！"并亲自为登陆作战选定了浪漫的"樱桃花"作为战役代号。随后，美军后续部队陆续登陆，建立登陆场。

日本联合舰队前来阻拦，没有成功。这是因为经过中途岛战役、瓜岛战役、新佐治亚群岛战役、巴布亚半岛战役之后的日本联合舰队，实力大为损伤。于是日本联合舰队司令古贺决定将联合舰队的舰载机转至岸上，与岸基航空兵一起发动空中战役，消灭美军舰队。这些舰载机飞行员接到转场至岸上参战的命令后，就预感到了战争的暗淡前景和自己的悲惨下场，士气相当低落，而岸基航空兵则是从马绍尔群岛等地新调来的素质比较差的"菜鸟"。战争开始前的30年代，日本海军航空兵挑选、训练飞行员的要求非常严格，飞行员的挑选是从

1,500名应征者中初选出70名飞行学员,这70人在航空学校数月的淘汰训练中最终只有25人成为正式飞行员。从最初的1,500名应征者到最后的25名飞行员,淘汰率高达98%!如此高的淘汰率,所产生的飞行员自然是百里挑一的佼佼者,飞行技术和空战素养均胜过美英飞行员,因此在战争初期,日军飞行员的综合素质明显超出盟军飞行员一筹。但自中途岛战役之后,大批战争前培养的精锐飞行员在作战中损耗,加之日军与美军不同,最优秀的飞行员不是作为飞行学校的教官来培养教导新手,而是都派往战斗部队,所以后劲大大不及美军。一旦损失大批飞行员,就只能以缩短训练时间的方法提前结束飞行学员的训练,将其补入战斗部队,这样一来,日军飞行员的综合素质大大降低,因此作战中的损失越来越大,而由于损失加剧,就只能一再压缩飞行训练的时间,使飞行学员能尽早结束训练补入作战部队。如此形成了损失越大,新飞行员训练越不充分;而新手的训练越不充分,又造成了损失越来越大。这样的恶性循环,成为战争中日军航空兵最致命的弱点。

11月2日,"布干维尔海战"爆发,日军巡洋舰和驱逐舰各1艘被击沉,伤巡洋舰1艘、驱逐舰2艘。美军伤巡洋舰1艘,驱逐舰3艘。日军守岛第6师团不顾增援无望,仍进行绝地反击。这支参与南京大屠杀的刽子手,有着"野兽军团"之称的部队采取中国战场的集团冲锋战术,成为美军发扬优势火力的绝佳机会,遭到了惨重的失败,被迫停止反击。美军继续向岛上进攻。

1944年3月9日,日军第6师团尽管补给相当困难,仍拼尽全力组织"决死反击",尚存的1.5万名士兵倾巢而出,但在美军铺天盖地的海陆空绝对优势火力轰击下,死伤枕藉,仅3月9日一天就有7,000人在炮火下丧生,几乎占参战部队的50%!激战持续了将近两周,弹尽粮绝、加上疟疾及其他热带病流行,损兵折将的第6师团不得不接受残酷的现实,再次带着惨败撤至岛北。残余日军困守布岛南部据点,粮弹俱缺。美军围而不打,任其自灭。至布干维尔岛整个作战行动结束,日军战死约8,500人,病、饿致死达9,800人。

美军拿下位于所罗门群岛西北部,所罗门群岛中最大的岛屿布干维尔岛之后,已控制整个所罗门群岛,日军俾斯麦群岛防线处于美军直接攻击之下。美军利用岛上的机场,克服了空中力量不足的弊端——之前像B-24这样的重轰炸机突袭拉包尔,只能从所罗门群岛中部的蒙达机场,甚至南部瓜岛的亨德森机杨起飞。从而使数量更多的中型和轻型轰炸机以及为轰炸机护航的战斗机,从布干维尔岛机场这样更近距离的机场起飞,彻底地孤立和空袭日军西南太平洋战略基地拉包尔。

日军目前坚守的所罗门群岛,并不是对于整个战争进程至关重要的决定性地区,本来就不应投入过多的兵力兵器,却一再进行着无益的增援行动,徒劳地消耗着更多的人员和物资,

▲1943 年，尼米兹与哈尔西交谈。

而所损失的飞机、舰艇、人员和物资，是其在短时间里难以补充和恢复的，这也对日军下一阶段的作战造成了严重的负面影响。因此，日军此种自以为得逞的增援行动，实在是"鼠目寸光"之举。

No.5 "蛙跳战术"

1943年8月，德军在库尔斯克战役失败的消息传来，日军大本营里一片焦虑，参谋本部里日军海军与陆军将领更是互相指责乱成一团，海军指责陆军不愿把军力投入南太平洋战场，结果导致南太平洋前线兵力与作战物资严重缺乏，导致了南太平洋前线局势恶化；而陆军指责海军从来就不愿意配合陆军作战，只顾自己的打算，处处扯陆军的后腿，太平洋战场单独依靠日本的力量去打本来就胜算不大。

日本海陆互相指责一通后，双方不得不坐下来，开始研究下一步的行动部署，在大本营里日军海军与陆军最终达成共识，一致认定，目前情况下稳定太平洋战线的任务是日本的作战重点，为预防美军在南太平洋地区的全面反扑以及对日本本土的袭击，日军决定从满洲抽回关东军加强本土防御；对南太平洋战场，日军决定在1943年底至1944年下半年以前向南太平洋增兵100万，并提供南太平洋军足够的弹药、兵器以及其他作战物资。

由于日军陆军兵力实际并不足够抽出那样多的精锐部队前出南太平洋，日本海军也没有足够的护航力量护送那样多的运输船只满载部队弹药南下，日军只得采取分批分重点运输方式向南太平洋派兵，日军把南太平洋战区分成3个防卫圈，外环防御圈是重点防御圈，尤其以特鲁克、拉包尔、荷属东印度群岛东部为重点中的重点，向该地区派遣的部队为齐装满员携带重型武器的精锐部队。至于中环防御圈，派遣轻型部队给予加强，部队的重型武器以及兵力都给予精简。内环地区主要派遣只有象征性重武器及由新兵与若干老兵骨干组成的架子部队去加强防御。这样派遣南太平洋的大部分日军部队，由于并不需要重型装备与大量作战物资就大大降低了船只的需求量，减轻了海军的护航压力以及海运的压力。例如，日军输送到外环的精锐部队，1个师团连同装备物资至少需要45艘运输舰输送，而输送到中环的1个轻装师团只要12到16艘运输舰就够了，至于输送到内环的1个架子师团连人带装备，竟只要6艘运输舰就可以装完。

日军的如意算盘是，用外环精锐部队重创美军，并使美军在印尼以及拉包尔陷入长期大战，使海军与后方的陆军获得充分休整的机会。日军确信，在1947年以前，美军都无法完全攻陷外环中的重点区域，这样日军就有充分的时间加强中环，经过一段时间后，既可以由中环派遣强力部队增援外环作战，也可以使外环部队收缩到中环建立更强的防御线，而内环的部队经过这些时间，缺乏训练的新兵也成了老兵，架子部队也成了充实部队，可以作为预备决战部队，给予经过外环重大消耗的美军致命一击。自然在本土，日军利用留在本土的精锐部队以及大量重型武器做骨干，有一定时间就可以武装出成群的新精锐师团，而海军的舰队经过充分的休整就又有了再次决战决胜的把握，这样日本就可处于很难被击败的地位，美国将会动摇继续战争的决心，从而让日本得到一个对其有利的战争结局。

然而，麦克阿瑟的"蛙跳战术"打乱了日军的部署。

1943 年夏，西南太平洋盟军地面部队实力大增，共计 14 个澳大利亚师和 3 个美军师，海军为第 7 舰队，空中力量由美军第 5 航空队和澳大利亚空军组成，总共拥有作战飞机约 1,400架，麦克阿瑟觉得进攻新不列颠岛条件成熟，确定先夺取诸如所罗门海的基里威纳岛、伍德拉克岛、新几内亚岛的萨拉莫阿、莱城、芬什哈芬等战略要地，以逐步建立起航空基地，从而有效掩护地面部队向菲律宾推进。

1943 年 6 月 30 日，即哈尔西的部队在伦多瓦登陆的同一天，麦克阿瑟所部也开始发动攻势。美澳军在新几内亚岛的萨拉莫瓦东南约 30 公里的拿骚湾登陆，随后向萨拉莫瓦发起进攻，以吸引驻莱城的日军。9 月中旬，美澳军夺取莱城。麦克阿瑟决定乘胜追击，扩大战果，提前发动"硬币行动"。22 日，澳军第 9 师 1 部在休恩半岛东端登陆，10 月 2 日占领芬什港。日军第 20 师团由马当前往增援，遭重创，于 12 月 19 日向锡奥地区撤退。至 12 月初，盟军已夺取了除西奥以外的整个胡翁半岛。

1944 年 1 月 2 日，美军第 32 步兵师第 126 团约 7,000 人，突然在赛多尔登陆，很快在赛多尔建立起前进机场和军舰锚地，形成一个坚固的堡垒，掐断了日军锡奥与马当的联系，迫使日军第 51 师团和 20 师团由内陆向马当、博吉亚、韦瓦克退却，这一撤退又是一次死亡行军，由于日军补给匮乏，部队缺粮少药，在这种情况下茂密的热带丛林，其可怕程度绝对不逊于美军的炮火，结果日军有近万人因饥饿、疾病和过度疲劳而倒毙在中途，最后穿过丛林到达马丹的两个师团残部还不足万人！

当麦克阿瑟乘胜追击，指挥部队占领马丹后，在随后的战役中，美军在麦克阿瑟的指挥下没有按照逐一突破的传统战术，而是通过"蛙跳"战术将日军切割开，破坏了战争中最重要的物资供应链，小范围孤立驻守岛屿的日军，打击其嚣张的气焰，瓦解其心理防线，避免了攻占为数众多的岛屿时出现大量伤亡的局面。最为重要的是美军争取到了时间，以最快的速度纵深推进。麦克阿瑟以"蛙跳战术"沿新几内亚北岸北进，几步就跳到了新几内亚的最西端，在很短的时间内结束了新几内亚战役。"蛙跳战术"突破日军拉包尔右翼防线，一层一层地深入日军的弧形防线，西进了 2,900 公里，北进了 160 公里，距棉兰老岛只有 800 公里了，为进攻菲律宾开辟了道路。

从 1943 年 2 月开始，在一年多的激战中，先后组织实施了 10 余次登陆作战，夺取了拉塞尔群岛、新乔治亚岛、伦多瓦岛、韦拉拉韦拉岛、科隆班加拉岛、谋诺岛、布干维尔岛、格林群岛、埃米尔岛、基里威纳岛、伍德拉克岛、马努斯岛、格洛斯特角、新几内亚岛、阿德米勒尔提群岛等岛屿，实现了封锁包围拉包尔的战略意图。为了保障上述登陆作战的顺利实施和海上补给线的安全，两军还发生过多次激烈的海空战，在这些登陆战和海空战中，美军总共损失轻巡洋舰 1 艘、驱逐舰 5 艘、鱼雷艇供应舰 1 艘、运输船 5 艘、鱼雷艇 8 艘，飞机约 200 架，阵亡约 2,000 人，伤 3,000 人。

日军损失更为惨重，共有 2 艘巡洋舰、26 艘驱逐舰及大小运输船只数十艘被击沉，飞机损失约 1,300 架，阵亡官兵总数在 2.5 万人以上。对于物质力量本来就远远逊于美国的日本而言，如此巨大的物质损失，是难以承受的，其军事工业也根本无法在短时间里弥补。此时日军重镇拉包尔成为"鸡肋"，食之无味，弃之不能，十万重兵困守拉包尔，孤立无援，不仅没有足够的海空力量来对抗来自东、东南、西南、西、西北、北等几个方向美军强大的海空兵力，还得耗费不小精力和不少物资来维持这十万部队的生存，给自己背上了沉重的包袱。南太平洋战局彻底得到扭转，美军不仅突破了日军苦心经营的俾斯麦群岛防线，而且还极大削弱日军联合舰队，不仅为西南太平洋战区部队进攻菲律宾扫清了障碍，还为中太平洋战区部队战略反攻创造了极为有利的条件。

随着战线的前推，南太平洋战区已成为美军后方，美军对原南太平洋战区的部队进行了调整，将其所属部队中的陆军转归西南太平洋战区，海军陆战队转归中太平洋战区，南

▲ 被美军击毙的日军横尸滩头。

太平洋舰队则一分为二，一半划归西南太平洋战区的第7舰队，一半划归中太平洋战区的第5舰队。南太平洋战区的高级指挥员，如哈尔西、威尔金森等都调回中太平洋战区，尼米兹上将为了避免高层指挥机构过于臃肿，人浮于事，采取了一项前所未有的高明措施来解决这一问题：组建两套指挥班子，分别以斯普鲁恩斯、特纳和哈尔西、威尔金森为领导核心，指挥中太平洋舰队。同一支海军舰队和两栖部队，在斯普鲁恩斯和特纳指挥下称为第5舰队和第5两栖部队，由哈尔西和威尔金森指挥时则称为第3舰队和第3两栖部队，一套指挥班子在海上实施前敌指挥，另一套指挥班子则在后方筹划下一次战役，如此轮换交替。

这样一来，不仅使这一大批经受战火考验的优秀将领能有充分发挥才干的机会，还能使他们在紧张的战争中得到必要的休息，保持清醒的头脑和充沛的体力指挥作战，同时又是一种无形的竞争体制，促进两套指挥班子充分发挥潜能，大显身手。更绝的是通过舰队番号的变更，使日军以为美军在太平洋上实力异常庞大，分为两支舰队，轮番出战。这一招确实有用，不仅在战争中，甚至在战后，不少人都以为美军第3、第5舰队是两支不同的舰队。

美军攻占拉包尔的目标已基本实现，从此以后，美军在太平洋上是处处主动，步步走向胜利！日军则一步一步走向灭亡之路。

▼ 美澳军队协同作战。

▲ 美海军陆战队在岛上与日军展开激战。

第三章

破围——登陆塔拉瓦岛

我经常惚惚恍恍地似乎重新置身于塔拉瓦岛那布满海军陆战队队员们尸体的滩头，空气中弥漫着尸体腐烂的腥臭味，或许我一生根本就没有走出那血肉横飞的人间地狱，到处是被日军岸炮炸碎的碎肢断臂的滩头，炮弹在空中的呼啸及随后发出的巨大的爆炸声常常使我不由自主地跳起来。曾经微笑的面孔一个个在眼前消失，眼中不由地爆发出报仇雪恨的怒火。

——前参战海军少尉列恩·库伯 2009 年 9 月 14 日于
塔拉瓦岛滩头

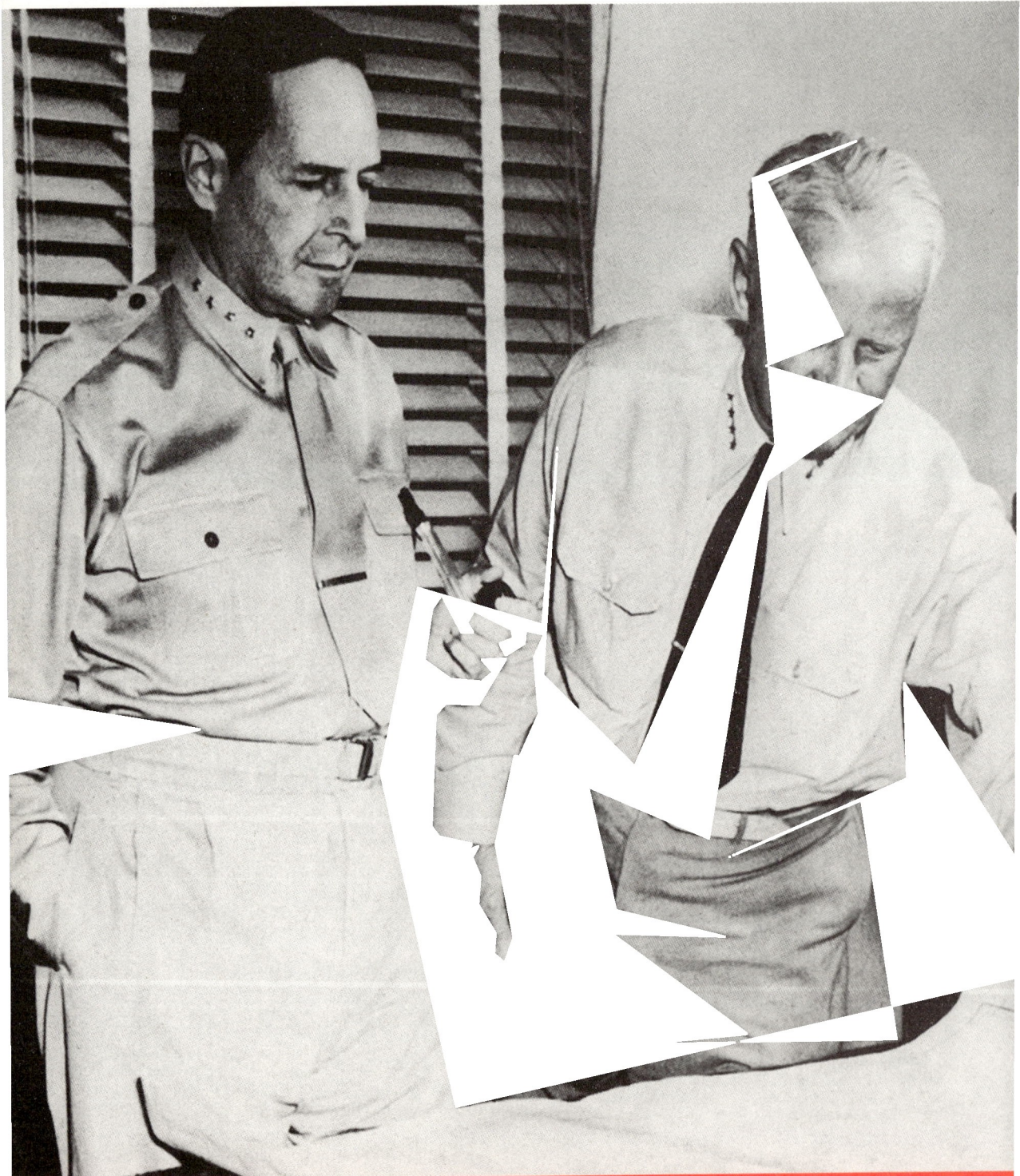

▲ 麦克阿瑟与尼米兹在主攻方向上产生了分歧。

No.1 确定路线

进入 1943 年下半年，美军经过一年半的艰苦奋战，终于扭转了战争初期的被动不利局面，从战略防御转入了战略进攻。浩瀚的太平洋，纵横万里，对日本的进攻路线主要有三条，一是北太平洋，二是中太平洋，三是西南太平洋，将哪里作为主攻方向是美军发动战略进攻最重要的问题。北太平洋天气寒冷，海面上风大浪急，不利于实施大部队作战，而且对制约日本维持其战争的生命线——与东南亚的海上交通——起不了多大作用，无法迅速解决战争。因此美军自 1943 年 5 月收复阿留申群岛后，就未在这个方向采取进一步攻势。

中太平洋与西南太平洋作为主攻方向的争论，在美军上层产生了尖锐的分歧，以麦克阿瑟陆军上将为代表的一方，主张在占领或封锁拉包尔之后沿新几内亚－菲律宾轴线的西南太平洋发动进攻，他们认为这条进攻路线可以充分利用美军在西南太平洋和南太平洋业已建立的一系列海空基地，始终能够得到岸基航空兵的有力支援，对于进攻目标有着较大的选择余地，能够绕过日军重兵守备的地区，攻击日军防御薄弱之处。而以尼米兹海军上将为代表的一方，认为这条进攻路线上的主要岛屿面积都比较大，日军部署的兵力也相应较多，所以遭到的抵抗一定较激烈，付出的伤亡也会大一些。而且这条进攻路线的侧翼和后方都暴露在中太平洋地区日军面前，进攻态势并不理想，只能采取步步为营的战略逐步推进，其攻击速度可想而知。相反，从中太平洋发动攻势，可将日军在太平洋上的部署拦腰截断，切断日本本土与东南亚之间的海上交通线，这对于日本而言是致命的，而且中太平洋上所要夺取的，大多是相距遥远的一些面积较小的珊瑚礁和岛屿，即便日军在这些岛屿上的防御比较坚固，也会由于面积小而力量单薄，彼此距离远而难以得到增援与补充，容易为美军各个击破，加之这条路线与美军后方基地路程较近，能节省部队与运输船只，从而迅速结束战争。

表面上看是进攻路线之争，实际上却反映出美国陆海军之间的深刻矛盾：如果从西南太平洋发起攻击，主要依靠陆军实施地面进攻，海军只不过担任保护海上运输，以海空火力支援地面作战，并掩护陆军近海侧翼的次要任务；而从中太平洋展开进攻，关键是掌握制空权与制海权，海军的航母编队将是绝对的主力，由于所需占领的岛屿面积较小，地面战斗只需要小规模陆军部队，海军才是主角。因此这场争论，双方都分别得到了陆海军头面人物陆军参谋总长马歇尔上将和海军作战部长金上将的鼎力支持。

由于这个问题事关重大，美国参谋长联席会议进行了极其慎重和细致的研究，最后决定采取以中太平洋为主，西南太平洋为辅的双管齐下战略，这样既可避免单线进攻易遭日军集中全力的抗击和暴露侧后的危险，又能迷惑日军，使其难以判断美军的主攻方向，分散日军兵力和注意力，为战略进攻的顺利实施创造有利条件。之所以选择中太平洋为主攻方向，还有一个原因是随着美国军事工业全面转入战时生产，大批航空母舰和登陆舰艇的建成服役，至 1943 年秋，美国海军太平洋舰队已拥有航母 11 艘、护航航母 8 艘、战列舰 12 艘、重巡洋舰 9 艘、轻巡洋舰 5 艘、驱逐舰 66 艘、运输舰 29 艘，以及大量的登陆作战舰只，这样中太平洋的海军部队拥有了一支以航母为核心具有极高机动力和极强突击力的舰队，能够确实保证在中太平洋作战行动中牢牢地掌握制空权和制海权。

No.2 "电流"作战

从中太平洋进攻，首先剑指何处？美军参谋长联席会议最初决定首先进攻马绍尔群岛，于 1943 年 6 月指示中太平洋战区兼太平洋舰队司令尼米兹海军上将制订进攻马绍尔群岛的作战计划。

1943 年 9 月，日军大本营在御前会议上通过了一项战略防御方针，以千岛群岛、小笠原群岛、马里亚纳群岛、加罗林群岛中西部、新几内亚岛西部一线为"绝对国防圈"，必须坚决予以固守。而马绍尔群岛属于外围防御圈，守备部队的任务是竭力消耗迟滞进攻之敌，为加强"绝对国防圈"的防御赢得时间。因此，对于"绝对国防圈"外围的这些岛屿的攻击，又称为"破围"之战。当时日军认为美军战略进攻的主要方向是在南太平洋，而日本海军联合舰队也没有航母部队能够提供必需的远海空中掩护，并不准备在美军进攻马绍尔群岛时出海迎击，日军大本营虽判断出美军在中太平洋行动的下一个目标必定是马绍尔群岛，但也只能全力加强该地区的地面部队。

尼米兹考虑到马绍尔群岛自第一次世界大战之后就是日本的托管地，1935 年以后更是严禁外国人进入，太平洋战争爆发后，日军加紧在该群岛建设军事基地，部署守备部队。具体情况由于该群岛位于美军岸基飞机航程之外，无法组织空中侦察而一无所知。而在马绍尔群岛东南的吉尔伯特群岛，原为英国的殖民地，太平洋战争爆发后才被日军占领，加上吉尔伯特群岛距离美军基地较近，美军通过多次空袭和空中侦察，对该地区情况有基本的了解。因此，尼米兹觉得还是首先进攻吉尔伯特群岛，然后以吉尔伯特群岛为基地，组织对马绍尔群岛的侦察，待充分掌握马绍尔群岛情况后，再发动进攻。参谋长联席会议同意了这一建议，于 7 月 20 日决定首先发起对吉尔伯特群岛的两个主要岛屿和瑙鲁岛的登陆作战，作战计划代号"电流"。

吉尔伯特岛位于马绍尔群岛东南、所罗门群岛东北。横跨赤道，正处在美国和澳大利亚的海上交通线中间，是由 16 个珊瑚岛礁组成，陆地总面积约 430 平方公里。这些岛礁土壤贫瘠，加上雨水和海水的冲刷，几乎没有什么植被，但珊瑚砂质的地质，几乎每个岛屿都适宜建设机场。吉尔伯特群岛原为英国殖民地，据战前最后一次人口统计，吉尔伯特岛有土著人2.6万，白人和华人约100人，人口密度是太平洋各群岛之最。

1941年12月，日军占领了吉尔伯特岛的主要岛屿，并修建机场，对美、澳之间的交通线构成威胁。其中在马金岛日军建有水上飞机基地。马金岛位于吉尔伯特岛最北端，由10个岛礁组成，其中最大的岛礁是布塔里塔里岛，长2,742米，宽366米，是日军防御工事集中的主要地区。马金岛成为吉尔伯特岛北方前哨，用于警戒盟军太平洋舰队的活动。吉尔伯特岛最有军事价值的岛屿是塔拉瓦。

起先日军对于吉尔伯特岛并不重视，守备部队也不多，美军1942年8月曾以潜艇运送一支小分队袭击马金岛，才引起日军警觉，随即开始向该岛调集人员和物资，大力修建机场和防御工事。

中太平洋战区司令部的参谋人员在指定具体作战计划时，对夺取吉尔伯特群岛的塔拉瓦岛和阿贝马马岛没有异议，因为上述两岛都已建有机场，对于以后的作战具有很大的价值。而对于攻占瑙鲁岛却有分歧，一方认为日军在瑙鲁岛上建有机场，而且距离塔拉瓦岛仅700

▼ 美参谋长联席会议成员共进午餐，从左至右分别为海军上将莱希，陆军上将阿诺德，海军上将金，陆军上将马歇尔。

公里，如果不将其夺取，将对塔拉瓦岛的作战产生负面影响；另一方以尼米兹和斯普鲁恩斯为代表则认为瑙鲁岛海岸陡峭，适宜登陆的滩头比较狭窄，岛上又多天然洞穴，日军利用这样的地形构筑有坚固防御工事，加上瑙鲁岛面积也不小，夺取该岛至少需要一个整师。当时美军兵力比较紧张，退一步说，即使抽出一个师的部队，也没有足够的船只运送。因此建议改为夺取塔拉瓦岛北面的马金岛，该岛面积较小，投入一个团的兵力就足够了。

美军参谋长联席会议对这两种意见进行了慎重考虑比较，最后决定以马金岛代替瑙鲁岛，并于9月27日正式下达命令，吉尔伯特群岛战役以塔拉瓦岛、阿贝马马岛和马金岛为作战目标。

No.3 "100年也攻不下塔拉瓦"

1943年7月，日军第4舰队第3巡防区司令柴崎惠次少将受命上岛，负责统一指挥该岛防务。驻吉尔伯特岛日军为第4舰队的第3基地勤务保障队主力5,400余人，其中马金岛700余人，塔拉瓦岛4,700余人，阿贝马马岛25人，由驻马绍尔群岛的第22航空战队（约100架飞机）提供支援。柴崎以塔拉瓦和马金岛为重点，修筑筑防御工事组织防御，使守备部队的抗登陆作战能力得到了显著提高。

在塔拉瓦，守备部队包括工程兵部队共约4,600人，其中主力是松尾敬公大佐的第6横须贺陆战队和管井武男中佐的第7佐世保陆战队，是日本海军陆战队的精锐部队，战斗力很强，配备有203毫米、140毫米火炮坦克14辆。柴崎考虑到由于岛屿面积狭小，所以采取滩头防御，在海滩上布置了障碍物、铁丝网和栅栏，防御工事用椰子树木和珊瑚砂覆盖，有的用混凝土和钢板加固。所有火炮掩体均用钢板和厚珊瑚砂石覆盖，只有以406毫米重炮发射延时引信炮弹直接命中才能摧毁。全岛工事经过长达15个月的施工，形成了完备的防御体系，柴崎因此夸口："就是用100万人花100年也攻不下塔拉瓦。"

马金岛的防御相对比较薄弱，包括工程兵部队和航空基地勤务人员，总共约690人，其中受过正规战斗训练的很少，仅240余人，配备81毫米火炮6门、75毫米高射炮3门、37毫米野炮6门。在阿贝马马岛日军刚开始设防，在美军发动进攻时，只有海军观通站，守备兵力仅25人。尽管日军地面防御工事完备，但海空力量几乎没有。整个岛没有一艘军舰，航空兵只有1架战斗机和4架水上飞机，其中唯一的战斗机，也因缺乏零部件而无法起飞。

美军参战部队是斯普鲁恩斯海军中将指挥的第5舰队，投入作战的各种舰船约230艘，其中航空母舰11艘、护航航空母舰18艘、战列舰13艘、巡洋舰14艘、驱逐舰58艘、大型登陆舰船50余艘。作战飞机约1,300架，其中舰载机920架，岸基飞机中B－24"解放者"

▶LVT-2 型履带式两栖登陆车。

▶LVT-1 型履带式两栖登陆车。

重轰炸机约 100 架。海军陆战队第 2 师和陆军第 27 步兵师调归第 5 舰队，准备用于吉尔伯特岛登陆作战。美军还将两个海军陆战队守备营和一个陆军守备营调归第 5 舰队，准备担负被攻占岛屿的守备任务。上述地面作战部队编为第 5 两栖军，共 3.5 万人，由霍兰·史密斯少将任军长，分别集结于夏威夷、新西兰、萨摩亚和埃利斯等地备战。参战部队由第 5 舰队司令斯普鲁恩斯统一指挥，第 50 特混编队的航母编队下辖 4 个大队，负责压制日军在马绍尔群岛、特鲁克、瑙鲁等地日军机场，以保障吉尔伯特群岛登陆的顺利实施，并随时准备迎击来袭的日军舰队。第 52 特混编队，担负在马金岛的登陆，地面作战部队是第 27 步兵师。第 53 特混编队，担负在塔拉瓦的登陆，地面作战部队是海军陆战队第 2 师。第 57 特混编队，由岸基航空兵组成，为登陆部队的海上航渡提供空中掩护。

美军考虑到数百艘舰船在远离基地的海上将持续作战数周，后勤保障工作极其困难和复杂。为此美国海军专门成立了为作战舰队服务的勤务船队，作为浮动的补给基地，由卡尔霍恩海军中将指挥。至 1943 年 11 月，这支船队已拥有包括油船、供应舰、修理船、拖船、浮动船坞等各种辅助船只约 20 余艘，后来随着战役发展而船只的种类和数量不断增加，并配备一定的护卫舰、反潜舰和扫雷舰担任警戒。其使命就是随着战线的不断推移，将后勤系统向前推，使得各种作战舰艇能够在靠近作战海域的地区得到急需的补给和修理维护。

尽管美军在瓜达卡纳尔岛和所罗门群岛得到了很多实战经验，但像塔拉瓦岛这样复杂的水文条件和坚固设防的岛屿，还是第一次遇到。美军在装备和训练等诸方面都存在极大缺陷。装备上，没有登陆战专用的指挥舰，只能用旧战列舰凑数，例如南部登陆编队司令希尔的旗舰"马里兰"号战列舰，曾在1941年12月8日的偷袭珍珠港中遭到重创，虽然已经修复，但舱室太小，容纳不下编队司令部全体人员，而且通信设备非常脆弱，战列舰的406毫米主炮齐射所产生的震动和压力，就会使其失灵。登陆作战时能越过珊瑚，将人员物资送上岸的装备就是履带登陆车，也就是LVT两栖车，其中LVT-1两栖车数量少，装甲薄，速度慢，又没有武备。而LVT-2两栖车性能虽比LVT-1有提高，但数量更少，驾驶员也没有完全掌握操纵技术。单兵使用的肩负式电台，体积大，又不防水，难以适应艰巨的登陆战斗。登陆艇也没安装火箭炮，无法在登陆艇突击抢滩时提供不间断的伴随火力支援。

训练上，海军没有进行过舰炮摧毁点状目标精确射击训练；舰载机飞行员只进行过攻击军舰训练，缺乏对地攻击训练；地面作战部队中的陆战2师虽然在瓜岛战役中表现不凡，但在新西兰长达7个月的休整中，主要进行的是丛林战训练，没有进行过岛屿两栖登陆训练；陆军的步兵27师更是着重于陆军的常规训练，没有与海军陆战队的战术相融合。而且参战部队集结地区，北起夏威夷，南到新西兰，距离遥远，没有举行过全程协同演练，无论地面部队中的陆军和海军陆战队，还是陆、海、空军三军的协同都不够默契。上述这些缺陷，就埋下了美军在塔拉瓦岛伤亡惨重的隐患。

美军早就开始有计划地进行前进基地建设，从萨摩亚群岛出发，沿图瓦卢群岛向吉尔伯特群岛逐步推进。首先进占距离吉尔伯特群岛约1,260公里的富纳富提岛，开始修建机场和舰船停泊场。从1943年10月起，胡佛海军少将指挥的岸基航空兵和卡尔霍恩海军中将指挥的勤务船队先后进驻，使该岛成为美军在吉尔伯特群岛战役中最重要的前进补给基地和航空基地。接着于9月占领了吉尔伯特群岛以东860公里的贝克岛，在岛上修建的战斗机机场于9月中旬完工。然后又进占了塔拉瓦岛和富纳富提岛之间的纳诺梅阿群岛和努库费陶群岛，并在岛上修建了前进机场，10月下旬便可供轰炸机使用。此外美军还在塔拉瓦岛和贝克岛之间的豪兰岛，修建了简易机场，供受伤的飞机紧急降落使用。

从1943年夏季起，美军就已经开始了紧张的战前准备。先通过原先在吉尔伯特群岛居住过的英国人，了解岛上的水文、潮汐、地形等情况。从珍珠港出发的"舡鱼"号潜艇于9月25日到达吉尔伯特群岛，利用在潜望镜上安装的照相机对塔拉瓦、马金岛和阿贝马马岛进行了照相侦察，将三个岛屿的海岸线完整拍摄下来。并实地勘察了接近岛屿的航道，修正了旧海图上的不正确之处。通过航空侦察，发现日军塔拉瓦岛的防御重点都在堡礁外侧，决定舰队直接驶入礁湖，从堡礁内侧登陆。但最大的困难是塔拉瓦岛上无规则的潮汐和遍地的珊瑚，由于登陆艇只能在大潮时靠岸，而直到 1944 年春季，大潮都在夜间或黄昏，夜间登陆无法得到舰炮和飞机的支援，黄昏登陆又没有足够的时间在夜幕降临前巩固滩头。可如果等到 1944 年春季，日军的防御将更加坚固，那样美军的伤亡将会更大，所以尼米兹经海军作战部长批准，最后决定在 11 月 19 日登陆，后推迟到 20 日早晨的小潮时刻登陆，由于美军不知道小潮高峰的确切时间，便将登陆时间定在 8 时 30 分。

No.4 迷惑日军

从 1943 年 9 月开始，美军开始了积极活动，迷惑日军，使日军难以判断美军的进攻目标，为即将开始的登陆作战做准备。鲍纳尔率领快速航母编队的 3 艘航母、1 艘战列舰、2 艘巡洋舰和 10 艘驱逐舰 8 月 23 日从珍珠港出发，于 9 月 1 日袭击了南鸟岛，先后出动 6 个攻击波 275 架次，将岛上的日机全部消灭，烧毁岛上储存的 400 桶航空汽油，并破坏了机场跑道。美军损失飞机 4 架。

鲍纳尔率部返回珍珠港后，又率领第 50 特混编队第 1 大队，共 3 艘航母、2 艘战列舰和 6 艘驱逐舰，在岸基航空兵的 B-24 重轰炸机协同下，于 9 月 18 日、19 日对塔拉瓦岛和马金岛进行了空袭，击毁日军 9 架攻击机和 2 架水上飞机，迫使日军只在马金岛留下 4 架水上飞机，将其余飞机全部撤走。空袭中美机还对两岛进行了系统的航空摄影，取得了大量有价值的照片，为制订登陆计划提供了可靠的资料。此外日军在抗击美军空袭中所消耗的大量弹药，由于补给断绝而得不到补充，也是美军这次空袭的一大收获。日军联合舰队得知美军行动后，舰队司令古贺大将亲率舰队前出至埃尼威托克准备出击，后因美军主动退走才返回特鲁克。

第 50 特混编队第 3 大队和第 4 大队由第 3 大队司令蒙哥马利海军少将统一指挥，于 10 月 5 日和 6 日连续两天对威克岛进行了攻击，先后组织了 6 个攻击波，出动飞机 738 架次，编队中的战列舰和巡洋舰也对岛上的日军目标进行了炮击，消灭了岛上绝大部分日机，并给日军机场设施造成了很大伤害，迫使日军从马绍尔群岛抽出飞机进行增援。古贺再次率领舰队前往马绍尔群岛准备迎战，又因美军撤走无功而返。

因南太平洋美军即将发起布干维尔岛登陆作战，深感兵力不足，向中太平洋战区求助，尼米兹就命令正在海上的第 50 特混编队第 3、第 4 大队前去配合作战。该部随即改称第 38 特混编队，暂归南太平洋海军司令哈尔西中将指挥，并于 11 月 1 日和 2 日空袭了布喀岛。进行了海上补给后，在岸基航空兵的全力协同下于 11 月 5 日和 11 日两次袭击日军在南太平洋最重要的海空基地——拉包尔，美军采取以岸基航空兵掩护航母编队，航母舰载机全力执行突击的战术，击沉日军驱逐舰 1 艘，击伤巡洋舰 7 艘、驱逐舰 5 艘。日军组织联合舰队的舰载机和岸基飞机共同出击，在空战中被击落 35 架。日军由于舰载机的惨重损失，不得不将其航母部队撤回本土，以补充飞机和飞行员，这样就大大有利于美军即将开始的吉尔伯特群岛作战。因为失去了航母部队的空中掩护，日军的水面舰艇部队也就无法远离岸基航空兵的航程半径活动，无形之中使吉尔伯特群岛的日军失去了海空支援。而美军在两次空袭中仅损失飞机 21 架。

美军快速航母编队的积极活动，目的除了压制日军在各岛屿航空力量，进行战前航空侦察外，更是想通过这些行动取得实战经验，因为随着大量航母的建成服役，很多舰员和舰载机飞行员都是新手，没有实战经验，这些行动既削弱了日军的力量又锻炼了部队，可谓一举两得。而日军联合舰队被美军这一系列行动所迷惑，多次出动却毫无收获。

11 月初，美军南太平洋部队发起了布干维尔岛登陆，日军联合舰队立即南下迎战，结果遭受了沉重打击，损失惨重。当美军在吉尔伯特群岛开始登陆时，日军联合舰队因元气大伤而无力组织反击，吉尔伯特群岛的守军除了自身力量外，支援兵力就只有马绍尔群岛的近百架飞机了。11 月初，美军参战的地面部队第 27 步兵师和陆战 2 师分别在夏威夷的毛伊岛、卡胡拉韦岛和新赫里布底的埃法特岛进行了临战前的登陆演习。

11 月 10 日，北部登陆编队从珍珠港出发，驶向吉尔伯特。第 50 特混编队的第 1、第 2 大队也于同日离开珍珠港，向吉尔伯特群岛进发。11 月 13 日，南部登陆编

▲▼ 美军飞机对拉包尔实施猛烈袭击。

▲ 美军舰船满载物资与士兵前往吉尔伯特群岛。

队从埃法特岛出发，前往吉尔伯特。11月14日，临时转归南太平洋的第50特混编队第3、第4大队在圣埃斯皮里图岛进行了补给后，先后出发北上归建参战。与此同时，第57特混编队即岸基航空兵部队，对吉尔伯特群岛和马绍尔群岛日军机场进行了连续7天的空袭，以压制日军航空兵力，保障登陆编队的航渡安全。11月18日，第50特混编队的4个大队陆续到达吉尔伯特群岛附近海域，第1大队在北面展开，负责拦截日军从马绍尔群岛南下的海空支援；第2大队在马金岛附近展开，负责夺取马金岛地区的制空权；第3大队在塔拉瓦岛附近展开，夺取塔拉瓦岛地区的制空权；第4大队在西面展开，以阻截日军从瑙鲁岛的海空支援。11月19日，美军第50特混编队的舰载机大举出动，对马绍尔群岛、吉尔伯特群岛和瑙鲁岛进行了全面的航空火力打击。

No.5 喋血马金岛

马金岛位于吉尔伯特群岛最北端，由10个岛礁组成，其中最大的岛礁是布塔里塔里岛。该岛形状就像一个长柄铁锤，锤头部分长约5.6公里，锤柄部分长约17.7公里，锤柄筑有东西两道横穿岛礁的防坦克暗壕，把锤柄分割为东、中、西三部分，其中夹在防坦克暗壕中间的地段，长2,742米，宽366米，是日军防御工事集中的主要地区。日军在岛上建有宽30米长75米的水上飞机滑行道，作为水上飞机基地，还建有码头等舰船停泊设施。

美军虽然知道马金岛不是日军的防守重点，其防御比起塔拉瓦岛薄弱多了，但对在该岛的登陆作战还是比较重视，由第5两栖部队司令特纳亲自指挥战斗，主要考虑到马金岛距离马绍尔群岛最近，距米利岛仅350公里，距贾卢伊特岛也只有460公里。特纳担心这两个岛屿上的日军航空兵会前来袭击，要求部队速战速决，争取一天结束战斗，以使海上支援登陆的军舰尽快撤离。

担负登陆作战的是步兵第27师的第156团和第105团的一个营，共约6,400人，与守军相比，占有9：1的绝对优势。尽管如此，特纳仍不相信陆军的战斗力，调来陆战2师的一个团作为预备队。史密斯师长则一心想把仗打好，为陆军争光，也给历来趾高气扬的海军陆战队看看。

1943年11月20日凌晨，登陆编队驶抵马金岛附近海域。5时40分，舰炮火力支援大队的战列舰开始弹射校射飞机。6时，6艘满载登陆部队的运输舰到达距离马金岛西海岸5,000余米海域，开始组织部队换乘登陆艇和LVT两栖车。6时20分，舰载机飞临岛礁上空，进行直接航空火力准备。6时40分，4艘战列舰、4艘巡洋舰和6艘驱逐舰组成的舰炮火力支援大队开始实施舰炮火力准备，猛烈的炮击一直持续到8时24分，马金岛完全被硝烟和烈火包围。日军没有任何还击，美军只是"密西西比"号战列舰的主炮塔发生爆炸事故，造成了43人丧生，19人受伤，事故原因于45年后才知晓。1990年4月19日，美国海军另一艘战列舰"依阿华"号，在军事演习中进行实弹射击时二号主炮塔发生爆炸，酿成了47人死亡的悲剧，后经调查，原来是由于推进炮弹发射的助推炸药包性能不稳定，受到震动而导致主炮塔爆炸。

8时13分，由32辆LVT两栖车组成的第一波登陆部队，排成一排，全速驶离出发线，沿着扫雷艇布设的浮标，向海滩急进。同时舰载机对海滩上的日军阵地进行猛烈的低空扫射，掩护登陆部队抢滩。8时32分，第一波登陆部队到达马金岛西海岸代号"红滩"的登陆滩头，舰载机随即停止了对海滩的扫射，转而攻击日军的纵深防御工事。不久，美军第二、第三波相继到达，依次上陆，有两辆坦克随之上岸，为步兵提供随伴支援。27师的师属炮兵也在西海岸南部的乌基安冈角登陆，随即展开为部队提供炮火支援。由于日军在西海岸防御非常薄弱，至10时许美军已完全控制了登陆场。实际上，这是美军的佯攻，目的就在于将日军从主要防御地区吸引过来。

10时许，美军1艘扫雷舰、1艘坦克登陆舰（载有16辆LVT两栖车）、1艘船坞登陆舰（载有携带坦克的机械化登陆艇）和1艘登陆兵运输舰在2艘驱逐舰的掩护下，驶入礁湖，准备在布塔里塔里岛的北侧，即礁湖的内侧登陆。美军在两艘驱逐舰的舰炮火力掩护下，在礁湖水域完成了换乘，以LVT两栖车为第一波，装有坦克的机械化登陆艇为第二波，人员车辆登陆艇为第三波，在舰炮和舰载机火力支援下，先后向海滩冲去。当登陆部队接近海滩时，遭到日军轻武器的密集射击，美军LVT两栖车以车上的机枪还击，舰炮和舰载机也全力轰击，很快压制住了日军的火力，10时45分，第一波顺利抢滩上陆，但第二、第三波都因为登陆工具无法通过遍布珊瑚的浅水区，所运载的部队只好在距离海滩270米处下船，在齐腰的海水中涉水上岸。登陆虽遭到了日军的抵抗，但美军伤亡并不大，仅1人阵亡。

美军本来预计一旦西海岸佯攻开始，日军必会调动主力前去迎击，这样就可与随后在北

▲ 在沙滩上阵亡的美军士兵。

海岸登陆的主攻部队，形成夹击之势，消灭离开防御工事的日军主力。不料日军不为所动，主力龟缩在两道防坦克暗壕之间的防御地带，基本没有出击，致使美军的如意算盘落空。但美军在两个方向的登陆均告成功，仍可以迅速向纵深推进，分割日军防御，尽快占领全岛。但参战的陆军部队习惯于炮火掩护下推进，一遇到日军阻击，有时甚至只是几个日军的狙击手，就停滞不前，等待炮火将阻击的日军消灭后再前进。日军在岛上建有大量的机枪火力点和永备发射点，美军的推进遭到了顽强的抵抗，由于舰炮火力的精度不高，无法有效摧毁日军的地下掩体，唯一的办法就是使用坦克。但坦克手却只肯接受远在其他部队指挥官的指挥，不愿接受步兵指挥官的指挥，步兵165团的团长只好亲自前去和坦克兵商量，却被日军的狙击手打死，这是美军在地面战斗中阵亡的最高军衔的军官。由于地面部队失去了指挥，更是难以前进。天黑前，除了1艘巡洋舰和3艘驱逐舰，其余的军舰都退出了礁湖。整个夜晚，岛上的美军不断遭受日军的渗透袭扰，惊恐不安，彻夜不得安宁。

11月21日，美军的战斗依然没有起色，空中支援由于敌我双方战线混杂，难以有效实施，有一次"企业"号航母的舰载机投下的炸弹就落在美军头上，造成了3人死亡，多人受

◀ 美陆战 2 师师长史密斯少将。

伤。这样美军的推进就更为缓慢，第 5 两栖军军长史霍兰·史密斯少将来到 27 师师部，亲自督战，也无济于事。

11 月 22 日，战斗仍在继续，美军步步进逼，所占领的地区逐渐扩大。入夜后，日军发动了最后的大规模自杀冲锋，他们先点燃爆竹，以吸引美军注意，再驱赶当地的土著人在前充当"挡箭牌"，冲向美军的战线，在混战中，日军死 50 余人，美军死 3 人，伤 25 人，终于粉碎了日军的反击。这是日军最后一次有组织的反击。

11 月 23 日 13 时，27 师师长史密斯少将宣布占领马金岛。在马金岛登陆战中，美军地面部队阵亡 64 人，伤 152 人，伤亡并不大，但在没有遇到日军激烈抵抗的情况下，依然打了 3 天，整个作战拖泥带水，毫无生气，虽胜无光。加上海军 11 月 24 日凌晨在马金岛海域"科利斯姆湾"号护航航母被日军"伊－175"号潜艇击沉，包括航空火力支援大队大队长马林尼克斯海军少将在内约 650 名舰员阵亡，以及"密西西比"号战列舰在舰炮准备时炮塔爆炸所导致的伤亡，美军的伤亡总数高达死 757 人，伤 171 人，超过了日军。

日军在马金岛守军阵亡 585 人，被俘 105 人，被俘人员中有 104 人是朝鲜籍的工程兵，只有 1 人来自战斗部队。

美军的拙劣表现主要是指挥不力，战术失当。参战的第27师长期担任守备，这是首次参加实战，该师还按照一战时的战术，在炮火掩护下逐步推进，一旦遭遇阻击就停滞不前，直到炮火将阻击之敌压制，因此美军虽具有9∶1的绝对优势，却没有一举将日军消灭，反而先是畏首畏尾，坐失良机，再是风声鹤唳，草木皆兵，足足花了3天才将日军防守薄弱的马金岛占领，与塔拉瓦岛的海军陆战队相比，简直是天壤之别！

No.6 海军陆战队扬威

塔拉瓦岛位于赤道以北148公里，在马金岛以南约185公里，是一个三角形的珊瑚环礁，中间是礁湖，东、南两边分别约长33公里和22公里，是一连串的珊瑚岛礁，西边则是连绵不断的暗礁，中间有两条通往礁湖的深水水道，在南面最西边的岛礁是塔拉瓦岛最大的岛礁——比托岛，该岛形似一只水鸟，一条长4,500米的长堤就像是水鸟的一只脚，一直通往礁湖，全岛长3,700米，宽从450米到540米不等，面积约1.18平方公里，是日军在塔拉瓦岛最重要的防御核心岛屿，在岛中部筑有机场，机场跑道长1,400米，宽60米，是日军在该群岛唯一的轰炸机机场。日军在比托岛经过15个月的努力修筑完备的防御体系，守军是柴崎少将亲自指挥的4,000余人，而且大多是日本海军陆战队中的精锐之师。

美军在塔拉瓦岛登陆的是陆战2师，该师曾在瓜达卡纳尔岛经受过战火考验，表现不凡。瓜岛战役结束后，转到新西兰休整长达7个月，官兵心情非常矛盾，一方面他们早已厌倦了枯燥的训练，渴望早日在战场上一展身手；另一方面他们对宁静美丽的新西兰产生了深深的眷恋，有些人还在当地结婚成家了。

1943年11月1日，部队从新西兰惠灵顿启程，绝大多数人都不知道目的地。

11月13日，部队到达新赫布里底的埃法岛，进行登陆演习。直到此时官兵们才知道作战的目标是塔拉瓦岛，但对这个岛屿大多数人是一无所知。

11月16日，部队到达富纳富提岛，加油补给后继续向塔拉瓦岛出发。

11月18日，负责夺取塔拉瓦岛海域制空权的第50特混编队的第3大队开始对塔拉瓦岛实施预先航空火力准备，在两天的猛烈空袭中，击毁日军两门203毫米火炮和3辆坦克，并使日军的防御工事受到了一定的破坏。

11月19日15时，登陆编队到达塔拉瓦岛东南海域，南部登陆编队司令希尔少将召集随军记者举行记者招待会，希尔对舰炮和舰载机的火力十分信任，声称将要把塔拉瓦岛从地图上一举抹掉，言下之意登陆部队遭遇的抵抗将会很微弱，登陆将会像度假的游客漫步海滩一样轻松。一旁的陆战2师师长史密斯少将心中不快，随即插嘴补充："请记住，当海军陆战队队员与敌人短兵相接时，唯一的盔甲是身上的咔叽布军装！"日落前，南部登陆编队所有军舰在塔拉瓦岛东南海域集合完毕，一起向登陆地域进发。

11月20日凌晨，陆战2师吃过了传统的出征早餐——新西兰牛排鸡蛋，随后检查装备，准备出战。4时，各登陆运输舰开始放下小型登陆工具。5时05分，"马里兰"号战列舰弹射舰载校射飞机，虽然"米德"号驱逐舰同时释放烟雾进行掩护，但弹射起飞的火光还是被日军发现，日军海岸炮随即开始射击，希尔立即下令还击，3艘战列舰、4艘巡洋舰和9艘驱逐舰主炮开始齐射，猛烈的炮火将小小的比托岛几乎全部笼罩住，但日军的海岸炮还在不断射击，而且越来越准，希尔只得指挥军舰转移阵位，以便进行反炮火射击。5时45分，不知什么原因舰载机并没有按计划准时飞来，由于希尔的旗舰"马里兰"号战列舰通信设备在进行了两次主炮齐射后就失灵了，也就无法询问催促航空火力支援大队。6时15分，从3艘航母上起飞的舰载机终于来到了，此时比托岛上已经浓烟滚滚，烈火熊熊。由于美军进行舰炮射击时使用的都是爆破弹，将岛上炸得尘土飞扬，遮天蔽日，飞行员根本看不清地面目标，加上舰炮火力相当密集，在这种情况下飞机进行低空精确攻击十分危险，因此舰载机的对地攻击只进行了短短7分钟就匆匆结束。

舰炮火力准备继续进行，在两个多小时的舰炮准备中，美军共发射了3,000多发炮弹，小小的比托岛几乎每平方米都承受了一吨的炮弹，似乎一切都被炸光了，在这样猛烈的炮火下岛上似乎不可能再有生物存活。但美军大大高估了炮火准备的效果，日军大多数工事特别是火炮掩体都深埋在地下，只有用大口径火炮使用延时引信炮弹才能将其摧毁。美军缺乏对岸上点状目标射击的经验，攻击速度太快，以致炮弹爆炸的烟雾遮掩了目标，虽然表面烈焰浓烟，但实际效果并不理想。如此大规模火力准备的唯一成效就是将日军的通信线路全部炸断，使其指挥部与各部队之间的联系全部中断。

美军在实施舰炮火力准备的同时，"追踪"号和"必需"号两艘扫雷舰清扫并标示出安全进入礁湖的航道，引导"林哥德"号和"达希尔"号驱逐舰驶入礁湖进行近距射击，接着"阿希兰"号船坞登陆舰也驶入礁湖。6时19分，希尔见日军海岸炮仍在射击，并对进入的船坞登陆舰构成了极大威胁，便命令登陆舰退到日军海岸炮射程之外待命。

陆战2师前三波登陆全是由新型的LVT－2两栖车组成，分别是48辆、24辆和21辆，于7时07分完成换乘，LVT－2两栖车必须先到达距出发线6,400米的集合区，整顿队形后再以6分钟的间隔向5,500米外代号红一、红二和红三的三个滩头冲击，其中在红一滩头登陆的是陆战2团的第3营，营长是金特尔少校，红二滩头登陆的是陆战2团的第2营，营长

▲ 因舰船无法靠岸，美军士兵涉水上岸。

▼ 涉水上岸的美军士兵。

是艾米中校，红三滩头登陆的是陆战8团的第2营，营长是劳克中校，登陆总指挥是陆战2团团长肖普上校。

由于负责标示航道的"追踪"号扫雷舰在作业时因与日军海岸炮进行炮战，所以标定出的航道偏西，加大了LVT－2两栖车到达集合区的距离。而LVT－2两栖车的驾驶员都是新手，训练还不充分，对两栖车性能还不能熟练掌握，因此LVT－2两栖车的航行速度比预定计划要慢，加上当时礁湖里正刮着强劲的西风，更是给LVT－2两栖车的行动带来巨大困难。直到8时25分，两栖车才到达出发线，比计划整整晚了40分钟，希尔眼看无法按计划于8时30分登陆，便将预定登陆时间从8时30分推迟到8时45分，后又再推迟到9时。因此美军舰炮曾于8时35分开始向纵深延伸射击，后又重新轰击海滩，8时55分才再次向纵深延伸射击，而此时，LVT－2两栖车仍在礁湖的风浪中苦苦挣扎着向前行驶。海军的一架观察联络飞机发现两栖车无法在9时突击抢滩，便向旗舰"马里兰"号战列舰报告，可是"马里兰"号的通信设备已经失灵，没有收到这一重要的报告，致使一切仍在按照9时登陆的计划实施，9时舰载机飞临滩头，实施航空火力掩护，但由于地面上烟雾弥漫，飞行员无法看清目标，对地攻击效果极差，日军的很多工事都安然无恙，当美军飞机结束攻击飞走时，舰炮火力已向纵深延伸，滩头上出现了长达23分钟的火力间歇！

这段时间足以让日军从隐蔽部进入防御工事了。LVT－2两栖车在接近滩头时遭到了日军火力的迎头痛击！大多数两栖车中弹，失去机动能力，只有少数得以上岸，海滩上到处是燃烧的两栖车和死伤的士兵，鲜血已将海水染成了红色。在红二滩，2营营长艾米中校高喊："跟我来！我们要占领海滩！"话音未落，就被日军子弹击中，一头倒在海滩上。好不容易冲上岸的陆战队员都被日军密集的火力压制在海滩上的大堤下，根本无法前进。第四、第五波载有登陆兵、坦克和火炮的机械化登陆艇和车辆人员登陆艇，由于吃水比两栖车深，当时又正值退潮，无法越过珊瑚礁，考虑到海滩上急需支援，便将所运载的M－4"谢尔曼"式坦克放下水进行涉渡。结果有的坦克因发动机进水而失灵，只有7辆艰难驶上海滩，其中3辆因滩头上到处是伤员而无法行动，有3辆被日军炮火和地雷击毁，还有1辆则陷在弹坑里动弹不得。运载的登陆兵由前三波登陆的两栖车返回来接运到浅水区，再要迎着日军的枪林弹雨通过700米齐胸深的浅水区，其艰难可想而知，由于前三个波次的两栖车所剩不多，所以大部分人还滞留在珊瑚礁上。运载火炮的登陆艇无法卸载，只得后撤，等待涨潮。

陆战2团团长肖普上校在海滩上拼命寻找能用的电台，以便与后方取得联系。他原是陆战2师的作战科长，刚于一周前接替了演习中受伤的原2团团长，由于他参与制订了塔拉瓦岛的登陆计划，因此他对该岛的地形、防御等情况都非常熟悉，这对于陆战2团是不幸中的万幸。10 时 30 分，他终于找到了一部能用的电台，立即命令团预备队第 1 营从红一滩上岸。但直到中午过后，才与希尔和陆战 2 师师长史密斯取得联系，报告了形势极其严重，急需援助。此时，登陆的美军只占领了纵深数米的滩头，而伤亡已经超过 20%。希尔早已通过观察飞机知道海滩上情况不妙，接到肖普的报告更是大为震惊，一面命令舰炮继续猛烈射击，为海滩上的部队提供炮火掩护，一面投入师预备队，同时向第 5 两栖部队司令特纳报告，请求调总预备队来增援。

此时，对于美军来说塔拉瓦之战几乎已经到了失败的边缘——满载后续部队和重武器的登陆艇大部分被卡在珊瑚礁上，动弹不得，其余的只好在珊瑚礁外水域等待涨潮。海滩上的部队死伤枕藉，被日军的火力压得无法前进，所剩无几的两栖车来回奔波，运上补给撤下伤员。关键时刻，陆战 2 师凭借其海军陆战队特有的顽强意志和坚忍作风，尽管伤亡惨重和建制被打乱，尽管指挥员死伤大半，很多下级军官和士兵依然主动组织起来，拼死冲锋。红三滩头，霍金斯中尉率领 34 名战士，用炸药包、刺刀、铁锹，一步一步向前推进了 300 米，占领了滩头东侧一段长堤，取得了能展开炮兵的一块地方，炮兵立即将 75 毫米榴弹炮拆开，再把一块块部件运上滩头，组装起来，然后为部队提供炮火支援。霍金斯中尉在战斗中牺牲，为表彰他的英勇战绩，美军将比托岛的机场命名为霍金斯机场。

肖普将团指挥部设在刚夺取的一个日军防空洞里，他深知连接红二滩和红三滩之间栈桥的重要性，接连组织了 5 次攻击，最终在 32 架舰载机的大力支援下，夺取了栈桥。海空军竭尽全力为登陆部队提供支援，4 艘驱逐舰始终停在礁湖里，随时根据登陆的召唤进行舰炮支援，航母上的舰载机也不时出动，提供航空火力支援，至日落前先后进行了 32 次攻击，其中最大规模的一次就出动飞机 80 架次。经过殊死激战，至日落时分，美军有 5 000 人上岸，伤亡也超过了 1 500 人，在海滩的西部占领了正面 140 米，纵深 450 米的登陆场，东部则控制了正面 600 米，纵深 270 米的滩头，但情况依然危急。肖普只得命令就地构筑工事，一半人警戒，一半人休息。

入夜，美军经过一天的血战，已是筋疲力尽，弹药、饮水所剩无几，一旦日军发动大规模反击，后果难以预料。庆幸的是，日军只有一些小规模的袭扰，均被美军轻易击退。原来，美军的猛烈炮火轰击虽没有摧毁日军深埋在地下的工事，却将其通信系统彻底破坏了，加上天黑后，美军不间断地扰乱射击，使日军无法恢复通信，因而柴崎无法组织起大规模反击。11 月 21 日，经过一夜补充的美军全力向前推进，扩大登陆场。

美军的重武器和坦克在红一滩和红三滩上岸，总预备队的陆战 6 团的两个营则在比托岛西侧新开辟的登陆点——代号为"绿滩"的海滩登陆，随即消灭了日军对美军军舰威胁最大

▲ 激战过后的塔拉瓦岛。

的 203 毫米海岸炮，巡洋舰、驱逐舰驶入礁湖，在岸上火力控制组的指挥下，以越来越准确和猛烈的炮火掩护地面部队推进。陆战 6 团的另一个营则占领了比托岛以东的拜里仓岛礁，随即在该岛设立了 105 毫米火炮阵地，以猛烈炮火支援比托岛上的战斗。美军终于扭转了登陆初期的不利，开始占据上风。但日军仍在负隅顽抗，战斗的惨烈难以用语言形容。陆战 2 师在如此激烈的鏖战中，充分展现了一支精锐之师的风采。很多时候，士兵们都是自己组成战斗小组，用火焰喷射器和炸药包，一个一个解决日军的火力点，其勇敢顽强，可歌可泣。至日落前，已有部队推进到比托岛的南岸。日军在美军猛烈火力下死伤惨重，隐蔽部和工事里到处是尸体和伤员，柴崎被迫将指挥部所在坑道改为临时救护所，率指挥部成员向附近坑道转移时被美军炮火击毙。

傍晚，陆战 2 师参谋长埃德森上校上岛，统一指挥岛上所有部队的战斗，肖普则指挥陆战 2 团的作战。日军由于指挥官柴崎少将阵亡，失去了统一的指挥，因而当晚没有发动大规模的夜间反击，使岛上的美军又度过了一个相对平静的夜晚。

11 月 22 日，美军以滩头为基点，陆战 8 团 1 营向西，陆战 2 团 3 营和陆战 6 团 3 营向东，对残余日军实施夹击。陆战 8 团的 2 营和 3 营则向中部的机场发动突击。塔拉瓦岛的胜负已成定局，但日军的抵抗仍在继续。美军在栈桥东侧三角形阵地遭到的抵抗最为激烈，美军炮火对该阵地足足实施了 3 小时的连续轰击，但步兵冲锋时仍遭到了日军火力的疯狂扫射，最后美军以机枪和迫击炮掩护，用两辆装甲推土机将日军坑道彻底推倒才结束了战斗。日军的拼死顽抗固然给美军造成了巨大的伤亡，但在美军的顽强攻击和猛烈火力打击下，日军弹尽粮绝，很多士兵的体力和精神已经达到极限，不少人因无法忍受而自杀。黄昏，陆战 2 师师长史密斯少将上岛，在滩头开设了师指挥所。

11 月 23 日凌晨，被压缩在岛东部狭长地带的日军残部，连续发动了 3 次大规模的自杀性冲锋，尽管对战局已毫无作用，却给美军造成了巨大的人员伤亡和心理恐慌。5 时许，日军的反击终告平息。中午过后，美军突破了日军的最后阵地，全歼了守军。陆战 2 师师长史密斯于 13 时 12 分宣布，全部占领比托岛。美军官兵从隐蔽处走了出来，欢呼胜利，然而比托岛实在太小了，根本无法容纳下陆战 2 师的全部人员。

此役，日军 4,000 余守备部队，除 146 人被俘外，其余全部战死，被俘的人员中 129 人是朝鲜籍的工程兵。美军失踪阵亡 1,013 人，伤 2,072 人，其中海军陆战队死 984 人，伤 2,001 人。美军以巨大代价攻占比托岛后，于 11 月 24 日占领了比托岛东面的埃塔岛，29 日又在阿布里基岛登陆，消灭岛上 160 名日军，占领该岛。至此，美军控制了塔拉瓦岛全部。

11 月 24 日，第 5 两栖军军长霍兰·史密斯少将登上比托岛，面对刚刚经受过残酷战火

洗礼的景象，这位久经沙场的将军大为震惊，他说："我想象不出他们是如何攻占这个岛屿的，这是我见到过的防御最完备的岛屿！"结束战斗后的士兵们，面容憔悴，两眼无光，看上去比他们的父辈还要苍老，经过如此严酷的战斗，他们都不敢相信自己还活着，脸上没有笑容，只有劫后余生的宽慰。随后他命人在两棵被炮火削秃的椰树上升起了英国的米字旗和美国的星条旗，因为吉尔伯特群岛战前是英国的殖民地。

11 月 27 日，尼米兹亲临塔拉瓦岛视察，并为有功的将士授勋。当时大量的死尸还来不及掩埋，空气中弥漫着尸体的恶臭，面对弹痕累累、尸横遍野的战场，这位身经百战的将军感慨地说："我从未见到过如此狰狞的战场！"他发现这场血战的激烈程度毫不亚于第一次世界大战中有着"绞肉机"之称的凡尔登，见到有很多日军的工事还没被猛烈炮火摧毁，便命令太平洋舰队立即组织有关人员前来研究分析，从中总结经验教训。

11 月 30 日，特纳向尼米兹提交了题为《塔拉瓦的教训》的报告，陈述了一系列经验：对于坚固设防的岛屿，光凭几小时的海空火力准备是远远不够的，有条件的话，应先夺取附近小岛，配置地面火炮，进行炮火支援；对于有珊瑚障碍的岛屿，必须准备足够数量的两栖车或吃水较浅的登陆艇；在登陆部队抢滩登陆的时候，海军必须实施抵近射击，以进行有效地火力掩护；为保障作战指挥的顺利实施，必须要建造专用的登陆指挥舰等。

尽管由于美军在塔拉瓦岛的巨大伤亡，使太平洋舰队招致了很多批评，但无可否认，塔拉瓦岛之战美军所获取的经验，对于以后的登陆战具有极其重要的价值和意义。正如尼米兹所说，即使不在塔拉瓦岛取得上述经验，也不免要用同样的甚至更大的代价，在其他地方去获取。战后，在夏威夷群岛的卡胡拉韦岛上，美国海军完全按照日军在塔拉瓦的防御体系"克隆"了防御工事，然后组织军舰和飞机进行火力轰击，结果发现只有在 3,000 米至 5,000 米距离，使用大口径舰炮，发射延时引信穿甲弹，进行排炮俯射才能予以摧毁，而且射击速度要慢，要有间隔和节奏。根据这一实验结论，美国海军担负舰炮支援的舰艇进行了精确对岸炮击的强化训练，大大提高了舰炮射击的精度，海军航空兵的飞行员也进行了对地攻击的强化训练，尤其是 SB2C "无畏"式俯冲轰炸机飞行员，更是专门进行了以 250 公斤或 500 公斤穿甲弹对点状地面目标的精确攻击专项训练。因此，塔拉瓦岛战斗被美国海军战史学家莫里逊少将形象地誉为"胜利的摇篮"。

No.7 海空大战

美军计划在吉尔伯特群岛登陆的第三个岛是阿贝马马岛，该岛位于塔拉瓦岛东南约 140 公里，1942 年被日军占领。日军原计划在该岛修建机场，后因所罗门群岛战事紧张而暂停，战役开始时只设有观通站，守备部队仅 25 人。美军计划先以"舡鱼"号潜艇搭载海军陆战队一个分队，对该岛实施侦察，等占领马金岛和塔拉瓦岛之后，再组织兵力进行登陆。

1943 年 11 月 18 日，"舡鱼"号潜艇到达塔拉瓦岛海域，将该地区天气、海浪以及近日美军火力准备的效果和日军的动态向南部登陆编队司令希尔报告。

11 月 19 日，"舡鱼"号潜艇在航行途中遭到己方"林哥德"号驱逐舰的误击，一发 127 毫米炮弹穿过指挥台的基座，将吸气阀击毁，万幸的是炮弹没有爆炸，才没有造成更大的损失。艇长迅速组织抢修，将炮弹取下，并修复了吸气筏，继续向目的地航行。

11 月 20 日午夜，到达阿贝马马岛以南肯纳岛海域，"舡鱼"号潜艇放下 6 艘马达驱动的橡皮艇，运送 68 名陆战队员和 10 名工兵，携带轻武器和 15 天的补给品上岛侦察。

11 月 21 日，陆战队员从肯纳岛西部登陆，先向东再向北展开侦察搜索。

11 月 22 日，上岛美军发现日军兵力薄弱，立即在潜艇的炮火支援下发起攻击，日军拼死抵抗，双方相持不下，美军经 4 天的战斗，于 25 日全歼守敌，美军仅阵亡 1 人。

11月26日，美军陆战2师6团第3营被送上阿贝马马岛，开始担负守备任务。

11月27日，工程兵部队上岛，随即修建码头和机场，以便尽快为下一步进攻马绍尔群岛建立航空兵前进基地。相对于马金岛和塔拉瓦岛，阿贝马马岛收复的顺利程度，令人咋舌，真是个意外之喜。至此，吉尔伯特群岛战役的预定目标全部实现。

日军大本营一直认为美军的主攻方向是在南太平洋，当美军开始进攻吉尔伯特群岛时，日军毫无准备，只得临时拼凑兵力进行增援，接替山本的联合舰队司令古贺大将先后组织了三支舰艇编队：以4艘重巡洋舰、1艘轻巡洋舰和7艘驱逐舰组成支援编队，出海迎击；以2艘驱逐舰和2艘运输舰组成补给编队，前送弹药补给；以3艘巡洋舰和2艘驱逐舰组成输送编队，运载陆军甲支队实施反登陆。就在这些舰艇部队频繁调动积极备战时，传来马金岛失守的消息，而塔拉瓦岛也危在旦夕，眼看增援难以奏效，反登陆也无成功希望，古贺只得下令取消水面舰艇的行动。这样，日军只能凭借航空兵和潜艇组织反击。当吉尔伯特群岛战役打响时，日军部署在马绍尔群岛的飞机已有相当部分被调去拉包尔，仅存40余架。

11月20日，日军从马绍尔群岛的罗伊岛机场起飞16架鱼雷机，在塔拉瓦岛以西55公里处发现了美军的第50特混编队第3大队，随即投入攻击。当时美军航母正在回收飞机，空中警戒的战斗机立即实施拦截，各舰高炮也一齐开火，有9架日机突破美军防空火力，分成三组，一组攻击"爱塞克斯"号和"邦克山"号航母，在接近过程中全被击落，而攻击"独立"号的两组，虽被击落了5架，但日机在被击落前投下了5枚鱼雷，其中1枚鱼雷命中，"独立"号航母的主机舱、锅炉舱和弹药舱都破损进水，主给水管道破裂，舰员死17人，伤43人，被迫撤离战场驶入富纳富提岛基地进行简单维修后，于12月7日前往珍珠港大修。

美军以第50特混编队的第1大队负责压制马绍尔群岛的日军航空基地，但该大队起先只对马绍尔群岛南部距离吉尔伯特群岛较近的机场进行了攻击，不料日军却从马绍尔群岛中部的罗伊岛机场出动飞机，因此以后的几天里，第1大队对所有作战半径能够到达吉尔伯特群岛的机场全部进行了反复攻击。在美军强有力的压制下，日军在马金岛登陆作战期间无法出动一架飞机前去增援。直到11月23日，才勉强从马洛埃拉普出动了19架战斗机，结果中途遭到美军30余架飞机的截击，被击落9架，其余10架被迫返回米利岛机场。

11月24日后，日军从特鲁克等地调集飞机加强马绍尔群岛的航空兵力量。11月25日，日军从罗伊岛起飞13架岸基攻击机，先至马洛埃拉普待命，等侦察机发现美军在塔拉瓦岛和马金岛附近仍有军舰活动后，于下午出击，后在马金岛以东约110公里处发现了北部登陆编队的部分舰只，由于天色已黑，日机借助照明弹和闪光浮标进行攻击，没有取得任何战果，损失1架飞机，其余10架飞机返回米利岛，2架返回马洛埃拉普。

11月26日14时，日军从马洛埃拉普起飞16架攻击机，途中有1架飞机因发动机故障而返航，其余15架飞机于18时许对美军第50特混编队的第2大队进行了攻击，依然没有取得战果，反倒损失3架。

11月28日，日军又从马洛埃拉普起飞10架攻击机，中途有2架因发动机故障返航，其余8架在塔拉瓦西南约600公里攻击了美军第50特混编队的第4大队，被美军击落4架，击伤4架，还是毫无所获。

除了航空兵外，日军还以潜艇部队进行了反击。在附近海域执行任务的"伊－39"号、"伊－19"号、"伊－21"号、"伊－35"号以及正在向特鲁克返航的"伊－169"号和"伊－175"号被紧急调往吉尔伯特群岛海域，特鲁克基地也迅速出动"伊－38"号、"伊－40"号和"伊－174"号，共计9艘潜艇前去攻击美军舰船。

11月22日15时20分，"伊－35"号驶抵美军登陆编队换乘水域，正欲实施鱼雷攻击，被美军"米德"号驱逐舰声呐发现，随即遭到深水炸弹的攻击，但"米德"号很快失去了声呐接触。17时30分，美军另一艘驱逐舰"弗雷泽"号再次发现了"伊－35"号，进行了两次深水炸弹攻击，"米德"号也赶来助战，在这两艘驱逐舰的协同攻击下，"伊－35"号被迫浮出水面，美军两艘驱逐舰一齐进行炮击，接着"弗雷泽"号一边以机关炮扫射，一边对潜艇进行撞击，"伊－35"号遭到撞击，艇尾开始下沉，美军反潜巡逻机又飞来，投下深水炸弹，终将其击沉。

11月24日凌晨，在马金岛西南海域的美军护航航母大队，编成3艘护航航母、3艘驱逐舰和1艘扫雷舰的建制。旗舰"利斯科姆湾"号护航航母雷达发现北面海域出现一不明目标，大队司令马林尼克斯少将便命令一艘驱逐舰前去查看，这一命令使其警戒兵力更加单薄，而这一不明目标正是日军的"伊－175"号潜艇。5时许，当美军编队进行右转，正好给"伊－175"号提供了鱼雷攻击的绝佳机会，5时13分，日军潜艇发射的鱼雷命中"利斯科姆湾"号护航航母弹药舱，随即引发了剧烈爆炸，爆炸又点燃舰上的航空汽油，引起大火。5时35分，"利斯科姆湾"号护航航母舰体折断而沉没，包括马林尼克斯少将在内650人丧生。这也是日军潜艇在这次战斗中所取得的唯一的战果。

此后，日军潜艇奉命多次变更部署，调整展开线，都未取得战果，反而有6艘潜艇被击沉，另3艘也带伤返航。日军参战潜艇作战效果不佳的原因主要是作战指导思想上的错误，日军以为将潜艇集中于美军舰艇频繁活动的海域，会有较多的目标可供攻击，一定能取得较大的战果，但殊不知，在水面舰只和飞机严密警戒的海域，潜艇活动受到极大的限制，加上日军指挥部求战心切，一再为了搜索攻击美军舰船，多次命令潜艇变更部署，改变展开线，

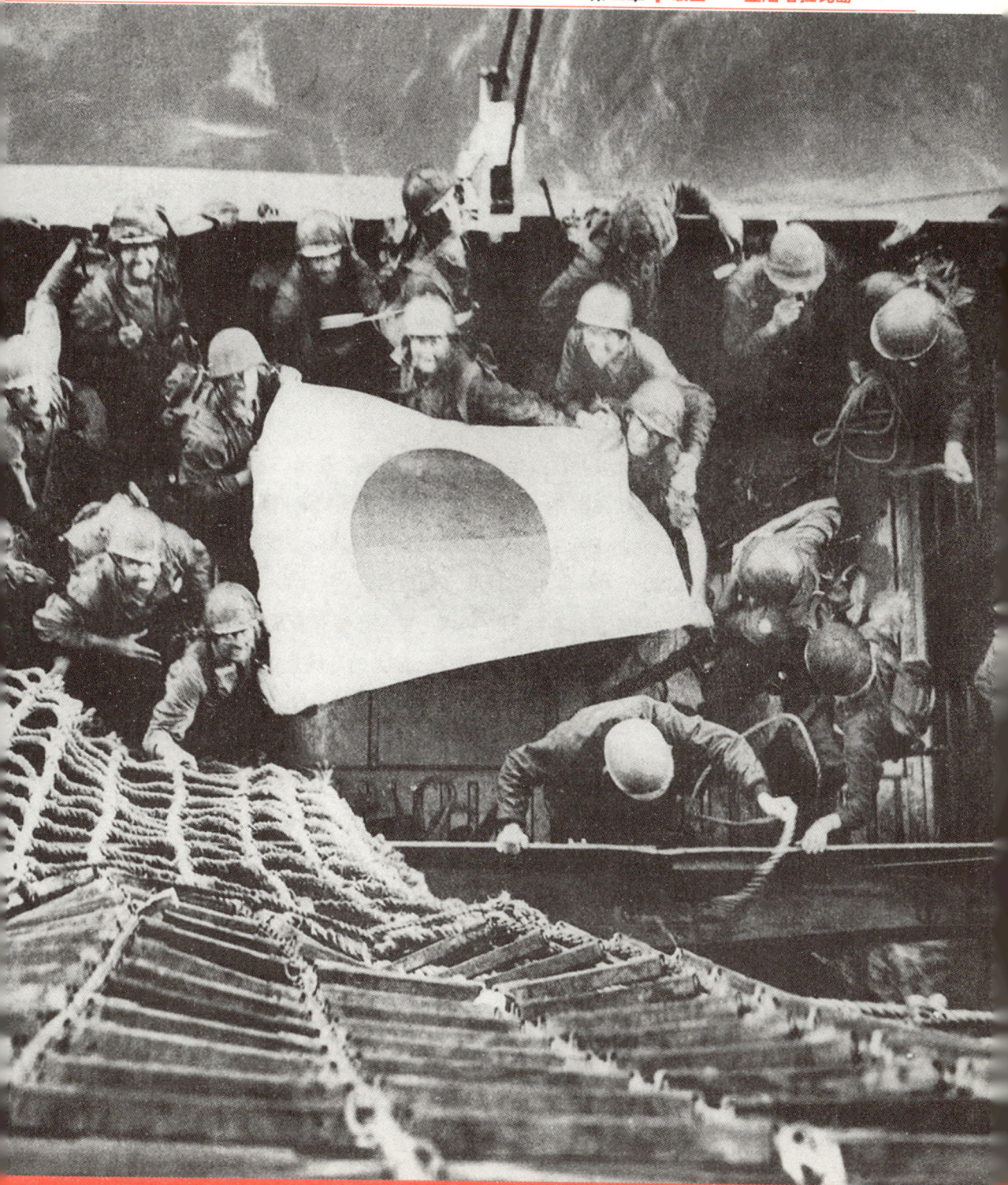

▲ 美军展示吉尔伯特群岛战役后缴获的日军国旗。

忽视了潜艇的隐蔽性，结果导致潜艇在运动中接连暴露，造成很大损失，也就无法完成预定的作战使命。

在吉尔伯特岛整个战役中美军总计阵亡失踪1,771人，负伤2,243人。吉尔伯特群岛日军守备部队6,400人，除251人被俘外，全部被歼。

这次战役的胜利不仅为即将开始的马绍尔群岛登陆战役夺取了一个重要的海空前进基地，还消除了从珍珠港到南太平洋和西南太平洋海上交通线的威胁。更重要的是，美军以巨大的代价，取得了极其宝贵的经验教训，这些经验教训对于在以后的登陆战中减少人员伤亡和物质损失具有非常重要的意义。

No.8 掏心战术

美军攻占吉尔伯特群岛，尤其是攻占塔拉瓦时由大量鲜血换来的宝贵经验很快运用到随后的马绍尔群岛登陆战中。马绍尔群岛，位于威克岛和夏威夷群岛的东北，吉尔伯特群岛的南面，其西面就是日本的绝对防御圈加罗林群岛和马里亚纳群岛。该群岛海区面积达127.5万平方公里，陆地面积约190平方公里，由32个环礁组成。

这些环礁岛屿由西北向东南呈并列两排的形状，主要环礁有夸贾林、埃尼威托克、马朱罗、米利、马洛拉普、沃特杰、贾卢伊特和比基尼，最大的环礁是位于群岛西侧的夸贾林。夸贾林是日军在马绍尔群岛的指挥部所在地，是其指挥中枢。美军夺取该岛后，可与南太平洋和西南太平洋美军相策应，经密克罗尼西亚进军日本本土。

1944年1月，日军在马绍尔群岛的地面部队共4.3万人，其中陆军部队1.6万人，海军部队1.2万人，其余部队1.5万人。驻该地区的日军航空部队是第24航空战队，原有飞机约130架，在吉尔伯特战役期间曾从北海道、千岛群岛和拉包尔调来88架飞机予以加强，但在美军多次打击下，至1944年1月底，各机场仅存舰载战斗机55架、舰载攻击机10架、岸基攻击机30架和水上飞机4架，总共99架。日军海军舰艇部队在马绍尔群岛只部署了4艘扫雷艇和5艘猎潜艇，上述兵力由海军第6巡防区司令秋山门造海军少将统一指挥。

日军由于兵力不足，只得集中防御夸贾林、米利、沃特杰、马洛拉普、贾卢伊特和埃尼威托克六个主要环礁岛屿。秋山判断美军如果攻击马绍尔群岛，不是从吉尔伯特群岛出发进攻米利环礁和贾卢伊特环礁，就是从珍珠港出发进攻距离夏威夷群岛距离最近的马洛拉普环礁和沃特杰环礁，特别是米利环礁位于群岛东侧，位置暴露，最有可能遭到美军的攻击，因此重点加强米利环礁的防御，甚至不惜从中心主岛夸贾林抽调兵力去增援米利。这给美军直取夸贾林的作战提供了极为有利的条件。

12月起，从吉尔伯特群岛起飞的美军B-24轰炸机几乎每天前往马绍尔群岛进行轰炸、侦察。通过这些空中侦察，发现日军在夸贾林环礁南北两个岛屿上都建有机场，而且最近正将夸贾林岛的部队调到外围岛屿，加上夸贾林环礁的礁湖，是很理想的深水锚地。

尼米兹凭借其过人的军事素养和直觉，意识到夸贾林的巨大价值和日军正在削弱其防御，这正是个绝佳的机会。他与新任航母编队司令米切尔海军少将研究后，认为完全可以用航母舰载机和岸基飞机将日军附近机场的航空兵压制住，因此果断决定首先在夸贾林实施登陆，来个单刀直入，中心开花。

斯普鲁恩斯、特纳和史密斯对这一计划都深感震惊，担心进攻夸贾林时会遭到日军从外围岛屿机场起飞的飞机围攻，一旦因伤亡过大或进展缓慢，日军联合舰队再出动的话，就会陷入极其被动的局面；退一步说，即使能迅速攻占夸贾林，快速航母编队撤走后，夸贾林将成为日军航空兵集中攻击的目标，海上交通线也会受到日军严重威胁。

因此他们竭力说服尼米兹先打沃特杰和马洛拉普环礁，但尼米兹的决心毫不动摇。无奈之下，斯普鲁恩斯只得建议在攻击夸贾林之前，先夺取马绍尔群岛东部的马朱罗，以取得进攻夸贾林的前进基地。尼米兹见马朱罗有礁湖可作为舰队停泊的锚地，岛上地势平坦又可建造机场，岸基航空兵一旦进驻，既可以支援对夸贾林的作战，又可以有效掩护联系夸贾林的海上交通线，是个比较理想的跳板，因此同意了这一建议。

1944年1月中旬，尼米兹下达了进攻马绍尔群岛的作战命令。这次作战将分为四步：第一步占领马朱罗，以取得前进补给基地和航空基地；第二步夺取夸贾林；第三步攻取埃尼威托克环礁；最后夺取马绍尔群岛中除米利、沃特杰、马洛拉普和贾卢伊特四个环礁以外的其余环礁岛屿，而将这四个环礁封锁起来，围而不攻。战役代号"银行日息"，后改为"燧发枪"。

尼米兹的"掏心战术"，出乎秋山的意料，美军进攻马绍尔群岛出奇的顺利。1月29日，春寒料峭，马绍尔群岛海域天低云暗，风紧浪急，第57和第58特混编队开始实施航空火力准备；1月30日，第51、52、53特混编队进入作战海域，开始实施舰炮火力准备；1月31日，第51特混编队在马朱罗登陆，第52、53特混编队在各自主要攻击目标附近的小岛登陆，并设立火炮阵地为主攻做好准备；2月1日，第52、53特混编队同时对夸贾林和罗伊岛-那慕尔岛实施登陆。作战计划还附带注明，如战役进展顺利，则乘胜组织对埃尼威托克的登陆，其具体时间和兵力将在夸贾林作战结束之后再根据实际情况决定。

至2月22日，美军夺取了夸贾林、罗伊岛-那慕尔岛、埃尼威托克诸环礁，美军阵亡和失踪人数为568人，负伤2,108人。毙伤日军约1.1万，俘虏329人，双方伤亡比为0.23：1。美军在登陆作战中所表现出的极高战术水平，与塔拉瓦相比，是巨大的飞跃，尤其参战各军兵种之间的配合协同完美默契，堪称经典。很多美军将领认为此役是最漂亮的一次两栖登陆战，就连极少夸奖的第5两栖军军长史密斯也说："在夸贾林的战斗，是迄今为止最令人满意的一次！"

为了表彰第5舰队高级指挥官的优异表现、高超的指挥技巧和组织才能，同时鉴于舰队规模不断扩大，参谋长联席会议批准了部分将领晋升军衔，2月4日，第5舰队司令斯普鲁恩斯海军中将晋升为海军四星上将；第5两栖部队司令特纳少将、第5两栖军军长史密斯少将和第58特混编队司令米切尔少将分别于3月7日、14日和21日被晋升为海军中将。

这一胜利使日本企图凭借马绍尔群岛消耗美军实力，迟滞美军战略进攻的希望彻底落空，马绍尔群岛的失守，使日军战略防御的核心马里亚纳群岛直接暴露在了美军攻击矛头之下。战局的进一步恶化，导致了日本陆海军之间的矛盾再度加剧。日本首相东条英机以解决军种矛盾为契机，于2月下旬解除了永野修身海军大将海军军令部长的职务，由比较顺服的海军大臣岛田繁太郎兼任，同时解除了杉山元陆军参谋总长的职务，由自己兼任。

尽管东条费尽心机，使操纵战争的权力更加集中，但丝毫无助于日渐恶劣的战局转变。

美军迅速攻占马绍尔群岛，完全突破了日军在中太平洋外围的正面防线，取得了继续实施战略进攻的前进基地，打乱了日军的战略防御计划，并为下一步攻击马里亚纳群岛创造了有利条件。而且马绍尔群岛战前是日本的委任统治地，这也就成为美军在战争中第一次攻占的日本领地，极大鼓舞了士气。

▲ 美军用重炮轰击日军阵地。

第四章

破堤——登陆塞班岛

　　平民与军人不再有什么本质性界限，对于你们来说，拿着
竹矛冲向敌人自杀殉国，总比被俘虏了要好得多，能够以武士
道精神体面地死亡是我们至高无上的荣幸。

　　　　　　——日军第43师团长斋藤义次中将对塞班岛平民进行
　　　　　　　　　　　　　　　　　　　　　　　　动员时说

No.1 "太平洋的防波堤"

1943 年 11 月，英美参谋长联合委员会就向美军太平洋舰队和中太平洋战区下达进攻马里亚纳的指令，为 B-29 轰炸机取得出发基地，并为进攻日本本土扫清障碍。

马里亚纳群岛位于北纬 12°-21°，东经 144°-146°，南北走向，绵延长达 425 海里的火山群岛，由大小近百个岛屿组成，较大的火山岛有 16 个（只有 8 个岛有常住人口）。自北向南主要有第二大岛塞班岛、第三大岛提尼安岛、罗塔岛和最大岛屿关岛。陆地总面积 478 平方千米，约 16 万人，主要为密克罗尼西亚人，方言较多，属密克罗尼西亚语族。属热带海洋性气候，年平均气温 26℃，年降水量在 2,000 毫米以上，每年 8-9 月多飓风。土地肥沃。塞班岛为马里亚纳群岛主要岛屿，面积 184 平方公里。岛中部为山地，最高点塔波乔山峰海拔 474 米。西班牙航海家麦哲伦于 1521 年首次发现马里亚纳群岛，以当地土著人使用的船只命名为三角帆之岛，1667 年西班牙声明了对该群岛的主权，并直接使用西班牙国王菲利普四世的王后玛丽亚娜的名字命名。1898 年美西战争之后，南部割让给美国，这时的西班牙国力已经衰弱，便决定以 400 万美元的价格出售马里亚纳群岛的其余岛屿——加罗林群岛和马绍尔群岛，美国认为这些岛屿不值 400 万美元，没有买，结果被德国买去。第一次世界大战以后，原德国属地北马里亚纳由国际联盟交给日本托管。日本以委任统治地的名义将这些岛屿尽数据为己有，并于太平洋战争爆发后的第三天，即 1941 年 12 月 10 日占领关岛。

马里亚纳群岛战略地位极其重要，位于琉球、台湾和菲律宾以东，硫磺列岛以南，加罗林群岛以北，正扼中太平洋航道的咽喉，亚洲与美洲的海上交通要冲，是美军进攻日本本土和远东的必经之路。如果马里亚纳群岛被美军占领，日本本土与东南亚的海上生命线就将被切断，台湾和菲律宾也将处在美军直接打击范围下，更严重的是从马里亚纳起飞的美军 B-29 轰炸机可以将日本本土纳入其轰炸半径。正因为马里亚纳群岛如此重要，被日军誉为"太平洋的防波堤"，而美军所实施的马里亚纳登陆战役也就被称作破堤之战！日本海军联合舰队在 1944 年 1 月开始的马绍尔群岛战役中，不但没能出海迎战，反而退至帕琉群岛，直接导致了马绍尔群岛于 4 月失守，这引起了日本内阁和陆军对海军的强烈不信任，甚至有些人提出放弃马里亚纳群岛。

日本大本营非常清楚马里亚纳的重要性。1943 年 8 月，日本大本营策定了"绝对国防圈"，决定沿千岛群岛、小笠原群岛、马里亚纳群岛、加罗林群岛和新几内亚群岛西部建立必须绝对予以确保的防线——绝对国防圈，马里亚纳群岛地扼美军从中部太平洋反攻菲律宾以及经小笠原群岛进攻日本本土的要冲，被日军大本营定为"绝对国防圈"的关键一环，视为"太平洋上的防波堤"。为加强中部太平洋上的防御力量，日军自 1944 年 2 月起，开始着手加强该地区的防御，由于以前马里亚纳群岛是海军负责防御，岛上的陆军部队很有限，大本营计划将中国战场上的第3和第13师团调往中太平洋，以加强该地区的地面部队，但这两个师团在中国战场上一时无法脱身，大本营只好于1944年2月10日，将驻扎中国东北的关东军第29师团（原驻黑龙江齐齐哈尔）调往关岛，将第14师团（原驻辽宁辽阳）调往帕劳群岛，这是日军大本营从关东军抽调建制师团兵力到太平洋战场与美军作战的开始（至战争末期，关东军15个师团中有11个被抽调到太平洋战场）。陆军部还将新组建的8个支队也调到该地区。2月25日，日本大本营将中太平洋地区所有陆军部队整编为第31军，由小英良中将任军长，规定该军服从于联合舰队司令的调遣。从3月起，日军进一步动员大批船只向该地区调集部队，至5月下旬，31军已拥有5个师团、8个旅团，分别防守马里亚纳、特鲁克、小笠原和帕琉等岛屿。其中部署在马里亚纳群岛的是两个师团、两个旅团，约6万余人。从3月初开始，日本海军动用大批舰船，向马里亚纳群岛输送部队，代号"松"运输，期间遭美军潜艇袭击，损失不小。防御工事计划要到11月方能完成，此时才完成工程量的一半，火炮掩体几

▼ 美军装备的 B-29 重型轰炸机。

乎没有，地雷和铁丝网也没铺设，总体防御根本谈不上坚固。

其中，日本关东军第 29 师团是 1941 年 2 月 25 日在中国东北组建的驮马师团，因参加了"关东军特别大演习"而得到加强，编制达 2.8 万人。1944 年 2 月美国潜艇在马里亚纳群岛海域击沉日本 6 艘货船，包括 1 艘运兵船，乘坐该船的第 18 联队 4,100 人大部分淹死，仅不到 1,700 人登陆。第 29 师团主力驻扎关岛，连同海军兵力达 2 万人。其第 50 联队驻扎提尼安岛，连同海军共 8,000 多人。调驻塞班岛的是第 43 师团，该师团于 1943 年 7 月在日本本土的名古屋组建，系由第 63 独立步兵团（相当于其他国家的步兵旅）加上第 3 留守师团 1 个联队组成，从 1944 年 5 月开始乘船调往塞班岛，但主力第 118 联队乘坐的 5 艘船被击沉，淹死 3,000 人，结果该师团在塞班岛上仅有 1.3 万人。日军在塞班岛上还有陆军独立混成第 47 旅团和海军中太平洋舰队海军基地人员的兵力，计 4.3 万人。这样在马里亚纳群岛，日本陆海军兵力总计达 7 万人。

No.2 磨刀

1944 年 1 月 13 日，美军中太平洋战区司令尼米兹制订出最初的进攻方案，计划分三阶段，先攻占塞班和提尼安，再夺取关岛，最后肃清其余岛屿上的日军。

3 月 12 日，美国参谋长联席会议下达马里亚纳作战命令。

3 月 21 日，尼米兹将参战的将领召到珍珠港，讨论有关作战方案。

3 月 28 日，尼米兹下达兵力编成和任务区分的命令，登陆部队及其护航输送船队称为联合远征军，由雷蒙德·特纳海军中将任司令，下辖三部分：

第 52 特混编队，也称为北部登陆编队，由特纳兼任司令，运送由霍兰·史密斯中将任军长的海军陆战队第 5 军，以海军陆战队第 2 师和第 4 师为基本登陆兵力，从夏威夷和美国西海岸出发，负责夺取塞班和提尼安。

第 53 特混编队，也称为南部登陆编队，里查德·康诺利海军少将为司令，运送罗伊·盖格少将任军长的海军陆战队第 3 军，以海军陆战队第 3 师和陆战暂编第 1 旅为基本登陆兵力，从瓜达卡纳尔岛出发，负责攻占关岛。

第 52 特混编队第 1 大队，也称留船预备队，布兰迪海军少将为司令，运送 R·史密斯陆军少将为师长的陆军第 27 加强师，在登陆场附近海域待命，随时准备加入战斗。

上述地面部队共计 12.7 万人，担负运送和护航任务的舰船 535 艘。此外，陆军第 77 师为战役总预备队，在夏威夷待命，准备于 7 月投入战斗。

▲ 美军飞机执行侦察任务。

为这支登陆编队提供海空掩护的有两支部队，一支是米切尔中将指挥的第58特混编队，下辖4个特混大队，共有航母15艘，战列舰7艘，重巡洋舰8艘，轻巡洋舰13艘，驱逐舰67艘，舰载机约900架。另一支是胡佛海军中将指挥的岸基航空兵与620架各型飞机。

第5舰队司令斯普鲁恩斯海军上将担任海上总指挥，尼米兹则坐镇珍珠港实施全局指挥，并组织潜艇和后勤部队协同行动。

此役美军共投入包括航母15艘，护航航母14艘，战列舰7艘，巡洋舰25艘，驱逐舰180艘，潜艇35艘在内的600余舰艇，飞机2,000架，地面部队4个师又1个旅，15万人。战役密语代号"征粮者"，登陆日定于6月15日。

由于马里亚纳群岛的几个大岛面积都比较大，日军防御兵力都有数万之众，美军必须投入优势兵力，实施正面大规模登陆，以求迅速推进，这就对后勤运输提出了很高的要求，马里亚纳距离美军在中太平洋上最西面的基地埃尼威托克有1,000海里，距离珍珠港3,500海里，距离美国本土5,000海里，后勤补给线非常漫长，运输船一年中只能往返两次，也就无法进行往返运输。而与此同时，欧洲的盟军也在组织诺曼底登陆，短期内不可能向太平洋战区调集更多船只，因此，参战部队必须全部集结在马里亚纳海域。但缺乏足够的登陆艇和两栖履带车，无法同时组织部队在几个岛上实施登陆，只得先夺取塞班，再攻提尼安和关岛，这样在美军攻打塞班时，提尼安和关岛的日军极可能乘机加强防御，所以，迅速攻占塞班是此战的关键。

如此规模的登陆战役，美军从制订作战计划到完成战役准备只有短短3个月，不能不说是战争史上的奇迹。美军对于马里亚纳群岛的情况除关岛外，知之甚少，而对日军的设防情况，更是一无所知。太平洋战争爆发后，美军飞机从未到过该群岛，直到1944年2月攻占埃尼威托克时，才出动航母编队袭击马里亚纳诸岛，攻击机群中美军特意派出了数架装备最先进照相侦察器材的飞机，对马里亚纳群岛进行了系统的照相侦察，这才掌握了日军在这些岛屿的防御部署和机场情况，还将适合登陆的海滩完整地拍摄下来，为登陆作战提供了翔实而可靠的依据。

美军在制订作战计划的同时，各参战部队抓紧时间进行针对性的战术训练和备战备航，岸基航空兵则不断袭击马里亚纳群岛和加罗林群岛。

3月底，美军航母编队从马朱罗环礁出发，攻击了从特鲁克后撤至帛琉群岛的日军联合舰队，迫使联合舰队再次后撤到新加坡的林加锚地。同时，美军潜艇部队积极出击，严重破坏了日军的海上运输线，使得日军在马里亚纳的守备部队逐渐陷入孤立无援的境地，为即将发起的登陆作战创造了有利条件。

▲ 美军潜艇。

No.3 马里亚纳大海战

　　1944年6月6日，美军发起"征粮者"战役，庞大的第5舰队从马绍尔群岛的马朱罗环礁基地出发，进攻马里亚纳群岛。此役美军实力空前强大，为太平洋战争以来之最，有重型航空母舰7艘，轻型航空母舰8艘，护航航空母舰14艘，战列舰14艘，重型巡洋舰10艘，轻型巡洋舰11艘，防空巡洋舰4艘，驱逐舰86艘，合计154艘。有飞机1,496架，两栖登陆部队有500多艘舰船，载运陆军和海军陆战队12.7万人。日本海军联合舰队主力奋起迎战，由此引发了世界历史上最大规模的航空母舰部队之间的决战——马里亚纳大海战。

　　日本海军则于3月4日将原在马里亚纳群岛的第4舰队和新组建的第14航空舰队合并为中太平洋舰队，由中途岛海战的败将南云忠一海军中将任司令，第4舰队主要是由鱼雷艇、猎潜艇、扫雷艇和巡逻艇等轻型舰艇组成。第14航空舰队编制上虽有8个岸基航空队，478架飞机，但陆续被调往其他地区，剩下的飞机寥寥无几，因此这支舰队实力非常薄弱，只能充当牵制美军登陆部队的偏师，为主力舰队集结赢得时间。日本海军计划用于马里亚纳群岛决战的主力舰队是1944年2月由第2、第3舰队合并组成的第1机动舰队，几乎包括了联合舰队所有主要水面舰艇，共有航母9艘，战列舰5艘，巡洋舰14艘，驱逐舰31艘，舰载机439架，由小泽治三郎海军中将任司令。日军大本营深知这支舰队与美军太平洋舰队的航母编队实力上存在较大差距，决定以第1航空舰队改编的第5岸基航空队与之配合作战，以求充分发挥舰载航空兵与岸基航空兵的协同威力。

　　第1航空舰队于1943年7月新建立，由航空兵专家角田觉治海军中将为指挥官。飞行员多为刚从航校毕业的学员，另从其他部队抽调一些有战斗经验的老飞行员作为骨干，并尽可能为其配备最新式的装备，作为大本营直属部队一直保存于国内，预定进行一年的训练。但由于1944年2月马绍尔群岛战役失利，"绝对国防圈"吃紧，不得不将其一部分调到中太平洋地区，技术较熟练的去马里亚纳群岛，不熟练的去菲律宾训练。第1航空舰队以提尼安岛为根据地，分别配备在提尼安岛、关岛、塞班岛、罗塔岛、硫磺岛、雅浦岛、帕劳群岛等各个机场。这样做有两个目的，一是企图使用岸基航空兵打击美军的登陆作战，同时，有力地支援小泽中将的机动部队（拥有舰载机445架）；二是根据情况，充分发挥这一比航空母舰部队还要雄厚优越的空中决战力量。驻扎马里亚纳的第1航空舰队部队改为第61航空战队，并与第14航空舰队较有训练基础的飞行员合并组成第5岸基航空部队，有飞机1,644架。

　　日军的决战计划原是联合舰队司令古贺峰一海军大将主持制订的，企图在第1航空舰队和第1机动舰队实力有所恢复后，寻找战机与美军决战，争取扭转战局，代号为"阿号作战"。古贺于3月31日在前往菲律宾途中座机遭遇暴风，机毁人亡。丰田副武海军大将接任联合舰

▲ 行驶在太平洋上的日军舰队。

队司令的次日，即 5 月 3 日，就接到了大本营发起"阿号作战"的指令，随即向所属各部下达了作战指令。但日军大本营错误地判断加罗林群岛是美军即将开始的进攻地点，因此马里亚纳群岛的防御准备被严重忽视了。

根据"阿号作战"计划，第 5 岸基航空队和第 1 机动舰队的舰载航空兵将对来犯之敌实施两面夹击，以抵消美军航母编队舰载机在数量上的优势。第 5 岸基航空队分为三部分，分别部署在帛琉、马里亚纳和雅浦三地，每一处的航空队都拥有战斗机、轰炸机、攻击机和侦察机，一旦判明美军的攻击方向，该地的航空队立即转移，以避其锋芒，然后再集中全力组织攻击。

起初计划中规定，如美军进攻马里亚纳，将不动用小泽的第 1 机动舰队，而只出动岸基航空兵迎敌，后来由于分配给小泽的油船数量有所增加，才改为小泽的舰队也加入马里亚纳的作战。此次大海战，日军寄希望于航空兵，但中途岛海战后，日本飞行员的素质急剧下降，一直未能恢复。

小泽的机动舰队最初大部停泊在林加锚地，小部停泊在濑户内海，都在抓紧进行战前训练。根据联合舰队下达的"阿号作战"指令，于 5 月 11 日和 12 日分别起航，5 月 14 日和 15 日先后到达菲律宾南部的塔威塔威。之所以选择塔威塔威作为集结地，是因为该地距离计划中的决战海域较近，便于及时出击。且该地靠近婆罗洲的油田，婆罗洲出产的石油质量很高，不经过冶炼就可直接供军舰使用，就不必依靠屡遭美军潜艇破袭的交通线来补充燃料。不料舰队到达塔威塔威后，原准备刚完成基本飞行科目的舰载航空兵再进行海上合练，却因为美军潜艇在该海域活动非常频繁，几乎无法出海训练，而塔威塔威岛上又没有合适的飞行训练基地，第 1 机动舰队那些飞行技术本来就不高的飞行员有将近一个月的时间中断训练，战斗力就可想而知，连操作熟练的飞行员们的技术也有所下降。而他们的对手美军飞行员平均飞行时间在 500 小时以上，大都具有战斗经验，还配有换班机组人员，以供轮番出战，双方相差悬殊。

倚仗 9 艘航空母舰的 400 多架舰载机和岸基航空兵的 1,600 多架飞机，按道理日军确实有与美国海军一拼的实力，何况这时日本的舰载机性能已超过美机。到了 1944 年，日本的一批高性能舰载机，如零式"52"型战斗机、"紫电"型、"雷电"型战斗机，"彗星"轰炸机，"天山"鱼雷攻击机等已大批生产。因美国飞机有重装甲防护影响了续航力，日机则无重装甲，重量较轻，因而航程远得多，"彗星"、"天山"机战斗半径达 400 海里，远超美军舰载机的 220 至 280 海里。第 1 机动部队司令官小泽治三郎决心利用这一优势，"计划不损日军航空母舰一根毫毛而将美军航空母舰吃掉一半"。这就是其颇为得意的"外围歼击"战术。

小泽的如意算盘是，利用日机比美机作战半径远 100 至 200 海里的优势，从 380 海里的距离外出动航空母舰的舰载机实施第一次进攻，给美舰以先发制人的打击；航空母舰则以最大速度接敌，趁敌人混乱之际，在 200 至 250 海里处再发起第二次攻击。不仅可反复攻击，还可实施"穿梭轰炸"，即舰载机攻击后可到关岛等地着陆，加油装弹后回程再袭击美舰，随后才返回航空母舰。而部署在马里亚纳群岛的第 5 岸基航空部队则配合行动，联合舰队要求其先出动消耗掉美军航空兵的 1/3 以上，而后协同机动部队两相夹击，粉碎美国舰队。

1944 年 6 月 1 日，日军深入侦察，判明美军首先会从比阿克岛登陆，然后空袭塞班、提尼安、硫磺岛，大舰队集结于马绍尔群岛的马朱罗基地。从上述情报进行分析，美军主攻方向可能是巴布亚新几内亚等岛屿和群岛，可能是塞班，也可能是帕劳。联合舰队的首脑经反复研究，认为帕劳方面有 50% 的可能性，澳北方面有 40% 的可能性，塞班岛方面的可能性最小，只有 10%。第 1 机动部队于是集结到婆罗洲北端的塔威塔威（该点与帕劳、比阿克两岛等距离），然后进一步从提尼安方面抽调舰队的一部分和基地航空部队的飞机 480 架，向哈马黑拉（该岛也和帕劳、比阿克等距离）前进，旨在挑起比阿克争夺战，这就是所谓的"浑作战"。此次作战于 6 月 3 日发动，13 日截止，其间日军曾两次出击，先后都以失败告终。这次调动的 480 架飞机刚刚抵达比阿克岛，又立即返回帕劳，然后再转战至哈马黑拉，最后又匆匆忙忙地飞回提尼安和塞班岛。就这样，在连续西移东调之中多次发生飞行事故，又损失

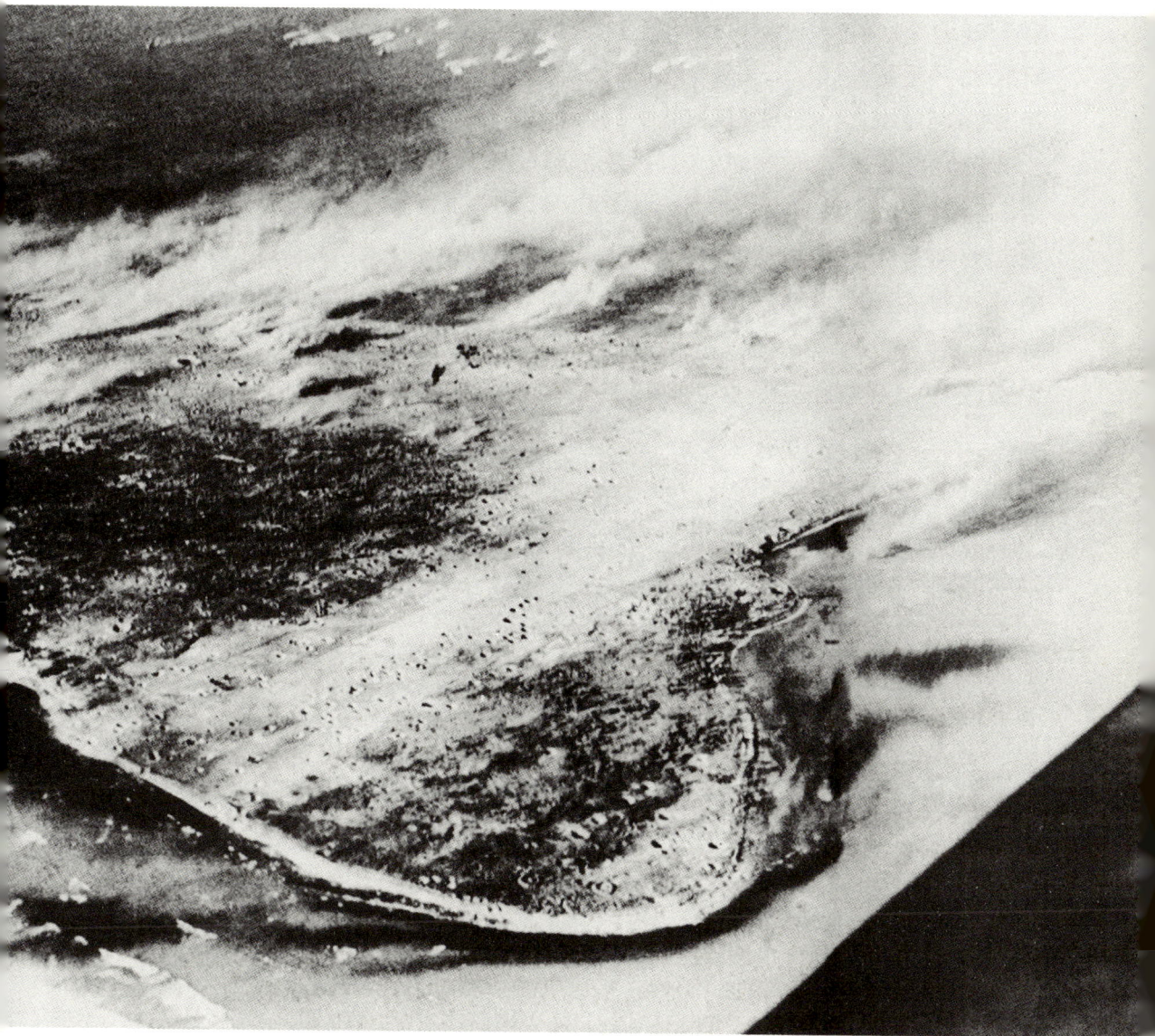

▲ 美军对马里亚纳群岛的提尼安岛实施空袭。

了一批飞机。这种转战飞行，对于飞行技术低劣的日本飞行员来说是一个大灾难。许多熟练飞行员还患上"登革热"，不能执行战斗任务。就在日本海军主力向比阿克岛发动"浑作战"的同时，美军海军主力第5舰队于6月11日突然出现在关岛以东170海里海域，对马里亚纳群岛中的塞班、提尼安、关岛、罗塔岛4个基地同时发动了空袭。6月12日，空袭进一步加剧，日机损失不下500余架。日军第5岸基航空部队本是一支相当强大的空中打击力量，有1,644架飞机，但经过这几次折腾，能使用的飞机只剩下530架左右，元气大伤。

获悉美军进攻马里亚纳群岛后，在塔威塔威的日军第1机动部队连夜装填重油1万吨之后，在7艘加油船伴随下，立即向北进发了。途中，又同参加"浑作战"的"武藏"、"大和"超级战列舰等舰只会合，于6月18日下午3时到达塞班岛以西500海里处。此时日本海军实力为：9艘航空母舰（舰载机439架）、5艘战列舰、14艘巡洋舰、31艘驱逐舰。而面对的美国海军第5舰队主力第58特混舰队的实力为：15艘航空母舰（舰载机891架）、7艘战列舰、24艘巡洋舰、74艘驱逐舰。自中途岛海战以来，日美海军主力再次相遇，而美军占有装备超日军约2倍的优势。这是双方共有24艘航空母舰参战的世界海战史上最大的一次航空母舰之间的决战。

6月19日9时30分，美国航空母舰"列克星敦"号上的雷达已经发现日机位于前方150海里。这时的"列克星敦"号航空母舰已装备了能侦察来袭敌军战机的各式雷达系统，包括用来侦察来自水平方向敌机的SC雷达，侦察飞行中敌机的SM雷达，与高射炮相连以击落敌机的Mark2型雷达，以及用来寻找海上敌舰的SG雷达。300多架美军舰载机紧急升空迎敌，自关岛返航的舰载机也对日军舰载机编队进行了截击。美军飞行员的素质与日军相比已占有绝对优势，空战中日军航空兵惨败，甚至出现15架日机同时中弹爆炸的壮观场景。一位美军飞行员欣喜地叫道："这真像古代捕杀火鸡啊！"于是这一空战以"马里亚纳猎杀火鸡"著称于世。

小部分日机拼死飞到美国舰队上空，却又遭到美军又一秘密武器的暗算。这就是著名的"无线电近炸引信"。"二战"期间，虽然高射炮火非常猛烈密集，但击落的飞机却有限，这都是由于炮弹引信太落后造成的。当时，高射炮弹配用的是触发或机械时间引信。触发引信需直接命中目标才能起爆，而时间引信需预先装定引爆时间，但引爆时间装定的长短又以炮弹飞至目标所需时间的估算值为依据。由于来袭飞机的飞行高度及速度都是随机变化的，且机械时间引信还受环境条件及炮弹飞行状态的影响较大，所以其使用效果都很不理想。在欧洲战场，德国的高射炮平均要发射6,000发炮弹才能击落1架盟军飞机。为提高炮弹对目标的毁伤效果，美国在1943年率先研制成功了无线电近炸引信，并于当年投产装备美军。此时美国军舰上高射炮上发射的装有无线电近炸引信的炮弹可在距日机约20米处爆炸，大大加强了毁伤度。结果美舰仅被炸伤5艘，无一沉没。

相反日本的航空母舰却遭美国潜艇偷袭。第1机动部队的旗舰是最新式的航空母舰"大凤"号。"大凤"号标准排水量3万多吨，吸取了空袭的教训，飞行甲板采用100毫米厚的装甲，可承受500公斤炸弹的轰炸。当"大凤"号1944年3月在川崎重工完成时，日本海军吹捧："这真是一艘不沉的航空母舰啊！"此次马里亚纳海战，还是"大凤"号第一次出航作战。但做梦也没有想到，致命的攻击并非来自空中，而是海底。19日上午8时10分，"大凤"被美潜艇"大青花鱼"号发射的一枚鱼雷击中。中雷后猛烈的爆炸将母舰上的升降梯毁坏了，为了封闭该处，日军无意中将通风口堵塞，使得从油管中渗漏出大量的可燃气体聚集起来，由于电火花作祟，于下午2时32分引起了大爆炸（即被美潜艇鱼雷击中后大约过了6个小时）。当日下午6时28分，在夜幕降临之际，"大凤"号终于在塞班以西500海里处沉没了。当日上午11时20分，日本另一艘航空母舰"翔鹤"号又遭到美国潜艇"棘鳍"号的鱼雷攻击，3枚鱼雷命中，"翔鹤"起火并于下午2时沉入海底。"翔鹤"号是偷袭珍珠港的6艘航空母舰之一，标准排水量2.5万吨，是当时日本海军现役的3艘重型航空母舰之一。这样，日本海军仅余的唯一重型航空母舰就只有"瑞鹤"号了，它也是偷袭珍珠港的唯一幸存者（另4艘已在中途岛被击沉）。20日晚，日本舰队在撤退过程中又遭美机空袭，航空母舰"飞鹰"号被击沉。至此，马里亚纳大海战落下帷幕。

此次海战，日本损失航空母舰3艘，舰载机380余架（含与母舰同沉的飞机），由此失去了航空母舰部队的战斗力，已经无力与美军一战了（在莱特湾大海战中，日本的4艘航空母舰仅用作诱饵）。美舰5艘受伤，损失舰载机117架，且其中80架是在20日晚因追击日舰过远，返航时油料不足而坠入大海，但飞行员大部被救起。海战的失败，注定了马里亚纳群岛上日军的命运。

No.4 抢滩塞班岛

塞班岛是马里亚纳群岛的第二大岛，长约21公里，宽4公里至8公里不等，面积约184平方公里，地势中央高四周低，岛上多山峰、丘陵、沟壑、岩洞，制高点是岛中央海拔460米的塔波乔峰。岛西海岸有一条覆盖整个海滩的珊瑚礁——加拉潘角，将塞班岛一分为二，北面形成天然良港——塔那潘港，该港也是塞班岛以及马里亚纳群岛的经济、文化中心。南面为平坦的马基奇思海滩，是理想的登陆滩头。日军在塞班岛上建有3个机场，南面的阿斯

利洛机场始建于 20 世纪 30 年代，经过扩建，现可起降任何机型的飞机，是岛上的主要机场。附近的恰兰卡诺阿机场是简易机场，只能起降小型飞机。北面的马皮机场，跑道较短，作为战斗机紧急着陆的备降机场。

　　塞班岛不仅是日军在马里亚纳群岛的中心岛屿，还是中太平洋地区的防御核心，其陆军第 31 军军部和海军中太平洋舰队司令部都设在该岛。自 1944 年春起，日军就开始向塞班岛增派部队，加强防御力量，但美军封锁严密，途中遭到了很大损失。截至美军登陆前夕，日军在塞班岛上兵力是陆军步兵第 43 师团、步兵独立混成第 47 旅团、工兵独立第 7 联队、坦克第 9 联队、山炮独立第 3 联队和高炮第 25 联队等部，共 2.8 万人，火炮 211 门，坦克 39 辆；海军有第 5 水警区的第 55 警备队和横须贺第 1 海军陆战队等部，共 1.5 万人，火炮 49 门，坦克 10 辆；合计总兵力 4.3 万，火炮 260 门，坦克 49 辆。海军中太平洋舰队司令南云基本不过问地面作战指挥，登陆作战打响时陆军第 31 军军长小烟英良中将去关岛视察不在岛上，所以防务实际上由第 43 师团长斋藤义次中将负责。

　　美军进攻塞班岛的部队是由霍兰·史密斯中将任军长的海军陆战队第 5 军，所辖基本部队为陆战 2 师和陆战 4 师，共 7.1 万人。担负运输和直接支援的舰船有 7 艘战列舰、7 艘护航航母、11 艘巡洋舰、41 艘驱逐舰、30 余艘扫雷和反潜舰艇、110 余艘登陆舰艇、30 余艘运输

舰，共 240 余艘舰船。陆战第 5 军和这些舰艇合编为北部登陆编队，由特纳中将指挥。

5 月 29 日和 30 日，北部登陆编队分两批从夏威夷先后出发，6 月 7 日和 8 日到达埃尼威托克补充燃料和淡水，然后继续向塞班岛航行。

6 月 15 日凌晨，北部登陆编队到达塞班岛海域，开始换乘。8 个营编成的第 1 登陆波分乘 600 辆履带登陆车和两栖坦克开始突击上陆，登陆滩头是在西南部的查兰卡诺正面宽度约 64 公里海滩。虽然受到潮汐影响，比预定登陆时间晚了 10 多分钟，美军依然保持了良好的秩序，担负舰炮火力支援的战列舰、巡洋舰和驱逐舰在距岸边仅 1,000 米处抛锚，对日军阵地进行猛烈炮击；护航航母起飞的 70 余架飞机对日军防御工事实施航空火力压制；编在登陆艇队中的炮艇以 40 毫米火炮实施伴随火力支援；两栖坦克则在履带登陆车队的两翼和中间，扫清日军障碍，掩护履带登陆车上岸。在这些火力掩护下，8 时 44 分，第一批部队抵岸，但日军炮火非常凶猛，履带登陆车难以开上指定地点，只得在水线附近卸下所载人员，尽管如此，在 20 分钟里，还是有 8,000 人上陆。由于美军登陆前的炮火准备不够充分，很多日军的火力点没被消灭，现在正猛烈轰击滩头上的美军，虽然美军顺利登上了岸，但滩头上拥挤了大量的人员和物资，又处在日军炮火威胁下，美军的进展非常迟缓，更严重的是在陆战 2 师和陆战 4 师之间出现了宽达 900 米宽的空隙，这是因为陆战 2 师在突击上陆时遇到了强烈的潮汐，航向出现了偏差所致。按照计划，美军在登陆当天，应该占领滩头后方约两公里的丘陵地带，但在日军激烈抵抗下，推进最远的陆战4师23团到达了菲纳苏苏山，却被山上日军猛烈炮火压制，只得又后退了百余米，至天黑时，美军虽然上陆部队已有两万余，伤亡2,000余，夺取的登陆场却只有计划的一半，难以形成有效的防御态势。

当晚，日军趁美军登陆场狭小，立足未稳之机，发动了夜袭，企图将美军一举赶下海。日军以36辆坦克掩护1,000多步兵发起冲锋，美军早有防备，照明弹一发接一发，将夜空照得如同白昼，日军的反击刚开始就被发现，美军随即召唤舰炮火力支援，在猛烈密集的舰炮射击下，日军白白损失700余人，一无所得。

No.5 攻占阿斯利洛机场

6月16日，斯普鲁恩斯与特纳、史密斯商议后，决定第58特混编队先迎击日军舰队，以保证登陆作战的顺利实施，预备队第27师部队立即投入作战，推迟6月18日进攻关岛的计划，进攻关岛的南部特混编队部分军舰加入第58特混编队迎击日军舰队，部分军舰则加入支援塞班岛的北部特混编队；登陆部队和登陆舰艇、运输舰船则退往埃尼威托克礁湖，作为留船预备队待命。因此，这天美军忙于将两个陆战师的部队和所属炮兵部队运上岸，步兵第27师也在中午过后开始上岸，所以登陆场没有扩展，实力却大大提高。从16日深夜到17日凌晨，日军又以44辆坦克和500人发动夜袭，结果遭到了沉重打击，坦克被全部消灭，步兵也损失大半。

6月17日，美军粉碎了日军的反击后，以护航航母舰载机、舰炮、坦克和地面火炮支援地面部队发动攻击，进展很快，登陆场几乎扩大了一倍，恰兰卡诺阿机场也被攻占，黄昏前，美军的炮兵驾着观测机等轻型飞机已经开始在该机场降落。斋藤见两次夜袭均告失利，知道已无法将美军赶下海，只好改变战术，命令岛上部队依托有利地形进行坚强防御，并调提尼安岛部队前来支援，可美军完全控制了塞班岛与提尼安岛之间的海域，援军在航行途中就被美军驱逐舰所消灭，根本无法到达塞班岛。

6月18日，美军继续发展进攻，陆战4师攻至南部的马基奇思海滩，第27师的165团轻而易举夺下了最大的机场——阿斯利洛机场，两天后陆战队的战斗机就开始进驻该机场。因为日军已在收缩防线，斋藤已经放弃机场将守军撤到了纳富坦角，准备持久防御。深夜，日军从塞班岛西海岸中部的塔那巴戈港出动13艘驳船，运载一支部队，企图实施反登陆，但在半路上就被美军驱逐舰发现，随即被消灭。斋藤终于意识到由于双方实力相差悬殊，反击已

▶ 美军在塞班岛与日军激战。

不可能有什么作用，转而重新调整部署，日军退守塔波乔山以东的狭小山谷，依托岛上最高峰塔波乔峰组织防线。斋藤义次中将的第 43 师团残部盘踞着 900 米宽的山谷，靠悬崖峭壁和众多山洞死守这著名的"死亡谷"。

6 月 19 日，美军第 27 师向东海岸步步进逼，将日军压缩到纳富坦角附近狭小地区。陆战 4 师也推进到楚楚兰村，占领了斋藤以前的指挥所。而美国海军在马里亚纳海战中的辉煌胜利，彻底消除了日本海军对塞班岛的海上增援，塞班岛日军已经陷入了孤立无援的境地。而且第 58 特混编队可以毫无后顾之忧，全力支援陆上作战。

6 月 20 日，陆战第 5 军军长史密斯正式接过陆上作战的指挥权，特纳全力负责组织物资的卸载，以保障登陆部队的后勤供应。

日军大本营千方百计组织对塞班岛的增援，6 月 16 日就命令特鲁克的部队抽调一个大队，关岛部队抽调两个大队增援塞班岛，但特鲁克没有运输船只，无法进行运输；而关岛的援军只有步兵两个小队和炮兵一个小队，6 月 21 日到达罗塔岛后，就由于美军的严密封锁根本无法增援。6 月 22 日，史密斯将塞班岛上的美军部署调整完毕，陆战 2 师在左，陆战 4 师在右，步兵第 27 师以一个营肃清纳富坦角日军残部，主力居中，三个师齐头并进，肩并肩向前推进。早晨 6 时，美军第 52 和第 58 特混编队的所有军舰、舰载机和 18 个地面炮兵营的火力一起向日军阵地实施火力准备，弹如雨下，地动山摇，在前所未有的炮火支援下，两个陆战师首先发起了攻击。至傍晚，陆战 2 师推进到了塔波乔峰西侧山坡下，陆战 4 师到达了马基奇思湾北岸，形成了对塔波乔峰的夹击之势。

▲ 美军正在将作战物资输送上岸。

6月23日，第27师也加入了战斗，3个师从西、南、东三面攻击塔波乔峰，但27师师长R·史密斯少将担心部队在夜间行军迷失方向，所以22日夜间没有及时出发，结果23日拂晓发动总攻时，27师第1梯队的3个突击营都无法按预定时间发起攻击，最早的一个营晚了55分钟，最晚的一个营足足晚了2小时又15分，直接影响了对塔波乔峰的总攻。在这一天，27师进展缓慢，165团只前进了百余米，106团几乎没有进展，在纳富坦角的一个营也没能肃清日军残部，全师拖了全局的后腿。而两个陆战师已经突破日军防线，直入日军纵深，整个战线形成了U字形，两翼突出中间滞后，由于27师的迟缓，致使两翼的陆战师侧翼暴露，也不能继续向前，只得停顿下来。

造成这一状况的原因是，海军陆战队是美军专门为实施登陆作战而组建的部队，不仅接受过两栖战的专项训练，而且其军官都明白登陆作战是背水之战，必是险恶异常，而且陆地上每延误一天，就会造成海面上掩护登陆的舰队多一分损失，取胜的关键就在于行动迅速果断。基于这一战术思想，其部队在日常训练中就非常注重战斗作风的培养，战斗意志的锻炼，所以海军陆战队战斗作风之顽强、战斗意志之坚韧，一直在美军所有地面部队中首屈一指。太平洋战争中，初期的威克岛防御战，中期的瓜达卡纳尔岛争夺战，后期的硫磺岛进攻战，在激烈无比的战斗中创造辉煌的，无一不是海军陆战队。

反观陆军，平时训练中过分强调避免伤亡，过于依赖炮火支援，遇到日军阻击，不像陆战队那样要么勇猛冲击，要么绕道迂回，而是停下来等待炮火支援，有时甚至日军一个机枪火力点就可以阻止一个营的部队前进，这就是军种之间的差异。尽管27师配属海军参加过几次登陆战，仍未改变陆军那种根深蒂固的保守战术，所以在这次战役中暴露最为明显。

正因为如此，脾气暴躁有着"疯子"之称的史密斯军长与斯普鲁恩斯和特纳商议后，撤换了27师师长，由塞班岛驻军司令桑德福特·贾曼陆军少将在新师长到来之前代理指挥，这引起了陆军的强烈不满，引发了陆海军之间的争执。但随后，27师攻击也变得雷厉风行，战况开始好转。

6月26日，经过数天的激战，美军终于攻下了最高山峰——塔波乔峰，接着向地形比较狭窄的北部地区继续猛攻。6月30日，斋藤在美军越来越大的压力下，率余部退至塔纳帕格村一线的"最后抵抗线"，负隅顽抗，做垂死挣扎。

7月3日，陆战2师占领加特潘角和木特乔，这两地经过异常惨烈的战斗，已经成为一片废墟。

7月4日，27师攻占了福劳里斯角水上飞机基地，将残余日军压缩至东北角的狭小地域，至此日军的最后防线终于被突破，守军大部被歼。

No.6 玉碎

7月5日，日军已被驱赶到塞班岛北隅高地上。司令部设在"地狱谷"。7月6日，斋藤和南云向东京大本营发出了最后的诀别电，然后将岛上残余的5,000官兵集中起来，部署了最后的决死攻击。当晚第43师团长斋藤义次中将、第31军参谋长井桁敬治少将剖腹自杀，太平洋中部舰队司令南云中一大将则用手枪结束了自己的生命。史密斯预见到日军肯定会在最后失败前进行自杀攻击，特意到27师师部，叮嘱部属要加强戒备，严密防范日军的自杀冲锋。但27师不以为然，麻痹大意，缺乏必要的迎战准备，甚至在两个营的结合部之间存在近300米宽的大空隙。

7月7日4时45分，5,000多日军突然发起了进攻，这就是所谓"切腹谷"大血战。军官挥舞着武士道军刀，身先士卒带头冲锋，士兵们有枪的带枪，没枪的拿着刺刀和棍棒，甚至头裹绷带、手拄拐棍的伤员也一瘸一拐地冲上来，全然不顾美军机枪的射击。这是日本陆军有史以来规模最大、最凶猛的一次拼命冲锋。人流狂叫着，踩着堆积的尸体，冲破了美军前沿阵地。日军从27师两个营的空隙间突入美军战线，美军105团一个营在日军的疯狂冲锋下溃散，该团另两个营则遭到了己方炮火的误击，损失惨重。战斗持续了数小时，美军将后方勤杂人员也编入战斗部队，投入战斗，终将日军这次丧失理智的自杀冲锋粉碎，美军伤亡很大，仅阵亡就达400人，而日军在美军阵地前遗留的尸体有4,300具。8日，为掩埋大量日军尸体，美军不得不调来推土机，将"切腹谷"的一条小山沟稍加改造，挖掘成一个大墓坑，再用推土机将这些尸体推入坑中集体掩埋。日军有组织的抵抗至此结束。

7月9日下午4时，残阳似血，幽海无际。美军推进到了塞班岛最北端的马皮角，基本占领全岛。

但令美军无法想象的是，在马皮角的悬崖边，发生了骇人听闻的大规模自杀。在塞班岛北部的一个高30多米的莫鲁比岩悬崖上密密麻麻地挤满了衣衫褴褛的女人与儿童，强烈的海风吹着女人们干枯而凌乱的头发，露出菜色的面容和毫无生气的眼睛，而瘦小的身躯在海风中摇摇摆摆，似乎随时都可能被吹落悬崖；孩子们年龄大小不一，有依偎在母亲怀中的嗷嗷待哺的婴儿，有双手搂着母亲脖子、趴在母亲背上的幼儿，也有紧紧拽着母亲衣襟的半大孩子。临近崖边的女人们正领着孩子们面向着太阳落下的地方双膝跪拜，口中喃喃细语，随后站起与孩子们亲密地相拥、亲吻。接着有的女人把怀中的婴儿高高举起，狠狠地向悬崖下幽深的海洋中扔去，孩子随即发出一声凄厉的惨叫声，而女人则奋身一跃，破碎的衣襟和凌乱的头发在下坠的疾速中被拉成两条飘带，瞬时与孩子一起沉没于惊涛骇浪之中；也有的女人直接抱着孩子或背着孩子，紧紧地拥成一团，半跳半滚着坠落悬崖。人群随即发生混乱，前

面的人们不断地面对着太阳，向一望无际的大海中跳跃，后面的人们叫嚷着纷纷拥向悬崖，继续进行着相同的"仪式"，跪拜、亲吻、跳海，再一个个地消失在残阳下的深海之中。一会儿，海里便漂浮着许多女人和孩子们的瘦小尸体。

多年后，扫雷艇"首领号"的艇长埃默里·克利夫斯上尉在回忆起当时的情景时，仍然感到恐怖与悲凉，他指挥的海军小艇"要是不从尸体身上开过去就无法行驶"。他看见一个裸体女尸，是在分娩时淹死的，"婴儿的头已经出世，这就是他的全部。"附近，"一个四五岁的小男孩，双手紧抱着一个母亲的脖子。这两具尸体紧紧抱在一起，在海浪中飘来飘去。"

美军一再通过翻译、日军俘虏和平民表示：等待他们的不会有屠杀，只有食物和安全。但自杀依然没有停止，共有数千人丧生。这是由于日军战前已大事宣传恐吓，战败妇女会被强奸凌辱，战争俘虏会遭到无情屠杀，"玉碎"的空气弥漫全岛。到 7 月 9 日，8,000 多名妇女和儿童，被迫高呼"天皇万岁"，纷纷在北端的悬崖跳崖自尽。这就是日本人讴歌的"军民玉碎"悲剧，塞班岛也因此成了历史上著名的"玉碎之岛"。

对于这些无辜死亡的日本人民我们已不可能知道他们当时对自己行为的感受与价值，但这段历史的记录将永远引起爱好和平的人们深思。

在岛上的其他地方，整家整家的人日复一日地躲避新来的征服者。奥山一家人——父母和 4 个孩子——找到一个山洞。7 月 17 日上午，全家在一块突出的俯视崎岖不平的东北海岸的岩石平台上晒太阳时，邻近山洞的一个士兵喊了一声"敌人"，并用手指了指他们头上的悬崖，14 岁的大女儿奥山良子抬头一瞧，只见上面有四五个穿迷彩伪装服的红脸美军。与身材矮小的日军相比，他们完全不同。

日本人开始射击，美军则向下投手榴弹。奥山一家躲在凹处，把手榴弹一个个踢出岩石平台。但是，由于手榴弹不断落下，父亲把一家人领到崖下边的另一个山洞内。洞内有个筋疲力尽的军曹，是《朝日新闻》的记者，另外还有个刚生下来被丢弃的孩子在哇哇地哭。奥山太太把孩子抱起来，随着美国人的声音越来越近，枪声越来越密，孩子也开始大哭起来。"叫孩子别哭，"军曹低声说，"不管用什么办法！"

幸存者良子回忆起在塞班岛全家在日军士兵的帮助下，"玉碎"时的情景：

美军的机枪声在洞内猛烈回响，34 岁的母亲想方设法要给孩子喂奶，但孩子还是哭个不停。在绝望中，她用衣襟捂住孩子的嘴。孩子终于停止了哭声——憋死了。军曹递给父亲奥山一颗手榴弹，自己也拿着一颗。

良子瞧着她父亲，以示永别。父亲脸色苍白，紧张地点了点头。军曹拔掉手榴弹的安全栓，奥山也拔掉。"咱们一块到一个好地方去，"母亲对 4 岁的义忠说。他乐了，好像在做游戏时一样。奥山和军曹两人同时把手榴弹朝自己脚下的岩石上敲打。当引线咝咝响时，良子很快想到一连串问题：我会成佛吗？人真的有灵魂吗？到底有没有另一个世界？她觉得整个山洞震动起来，爆炸的气浪把她抛到岩壁上。她昏昏沉沉地听见小弟弟的微弱呻吟声，之后她便昏了过去。

她自己也不知道失去知觉有多长时间。她首先看见模糊的红色发亮的东西，等到她慢慢看清之后，那红色的东西原来是军曹被炸开的肚子。军曹在她跟前盘腿坐着，好像睡着了。军曹的伤口干净利落，使她想起上生物课时的人体模型。内脏器官完整无损，都在原处，"美极了"。

她自己满身是血和人肉。她吓得肝胆俱裂，活动了一下自己的手脚，不痛，扭了扭身子，也不怎么痛。她 9 岁的弟弟的衬衣已被炸开，一块块弹片射进他敞开的胸膛，留下焦黑的伤痕，他死了。她父亲、小弟弟义忠和 6 岁的妹妹也都死了。她身上挂的肉是妹妹头上炸下来的，露出的头骨的颜色和纹理像透明的蜡烛。良子因孤单而感到恐怖万分。

▲ 美军在岛上搜索残敌。

她是唯一活下来的人。

然后，她觉得有什么东西触了她的左肩一下。

"妈妈，你还活着！"

"我快死了，"母亲镇静地回答。母亲的双腿已被炸烂，良子忙从附近撕下布条做绷带。

"不管用，"母亲奥山太太安静地说，"我就要死了，用那个东西止不住血的。"

"血已经不流了！"

"流光了，"母亲奥山太太说，她呆呆地瞧着一家人的尸体，"我很高兴，他们死得干脆利索。"她转向良子，"只有你还活着！"

"太太！太太！"是那个记者在喊。他的痛苦的声音微弱得几乎听不出来。母女两人看见洞内还有活人感到吃惊。"把我弄死，太太，请！"

"我也快死了，"奥山太太对他说。"我的腿没有了，动都动不了，帮不了你的忙。"

他慢慢地往上瞧，然后痛苦地扭动，把自己的脑袋往一块锯齿状的石头上猛撞。他呻吟着撞了又撞，终于死了。

"我死后，你决不能待在这里，"奥山太太对女儿说，天黑以后，她就得走。"你要好生活下去，要走正路，要有坚强的意志。"当良子上中学时，母亲曾给她写过同样的话。

奥山太太痛苦地从腰间解下一个布袋——里面装着钱——紧紧地捆在良子身上。"我很快就要死了，视觉越来越模糊了。让我躺下，帮我躺下好吗？"她脸上一直浮着微笑。良子第一次发现她母亲是如此慈祥。她从前怎么会怕妈妈的呢？

"我的听力也渐渐消失了。把你的手给我。"她紧紧抓住良子的手。"我不能再讲话了。"她用微弱的声音说。

"妈妈，别死！"

奥山太太微笑着点了点头。她的嘴唇动了一下，但没有发出声音，直至闭上双眼。

将近2.2万平民中每三人就有两人毫无必要地死去，几乎占全岛居民的2/3丧生。守军几乎全部战死。日军守备部队中4.1万人阵亡，其中陆军2.61万人，海军1.5万人，

对胜利者来说，这场战斗也是迄那时为止太平洋战区代价最大的。在塞班登陆的7.1万名美军中，死伤或者战斗中失踪的有1.4万人，比在瓜达卡纳尔一役中的损失多一倍余。

美军在战斗中伤亡较大，主要原因是进攻前的火力准备不够充分，日军在抗登陆地域上构筑在反斜面的炮兵阵地、永备火力点、坚固支撑点和伪装的堑壕等防御工事多半没有被摧毁，日军凭借着这些工事，采取牧敌于水际滩头的作战方针，使美军在登陆前的最初几天中，蒙受了巨大的伤亡。

No.7 收复关岛

关岛是马里亚纳群岛中面积最大的岛屿，长45公里，宽6公里到12公里不等，整个岛屿两头宽中间窄，就像是颗花生。这是火山作用而形成的岛屿，海岸上遍是珊瑚暗礁，内陆则是高原型的台地，高低起伏不定，大部分地区都是陡峭的山地，岛上最高的山峰是海拔3,300米的腾爵山。

自1898年被美国占领，关岛只被作为美国本土至菲律宾航线的中途补给站，几乎不设防。1941年被日军占领时，岛上只有数10名保护总督府的海军陆战队员。日军在关岛建有三个机场，其中第三个机场尚未竣工。最初日军对关岛的防御并不重视，直到马绍尔群岛失守，日军才开始加强关岛的防御，日军对关岛的增援比塞班岛成功多了，大批援军和物资运上了关岛。关岛的守军是陆军步兵第29师团、第48独立混成旅团、第10独立混成联队、第52高炮大队以及海军第54警备队，共两万余人，火炮20余门，坦克40余辆，由第29师团长高品彪中将统一指挥。第29师团原是关东军，训练有素，装备精良，战斗力较强。

尽管关岛在战前40余年时间里是美国领土，但美军直到开始制订进攻关岛计划时才发现，他们对这里相关资料掌握得非常粗略，而且对日军占领后的情况更是一无所知，所以不断以飞机进行航空摄影侦察。

▼ 美军坦克掩护步兵进攻。

▲ 美军飞机在关岛上空执行侦察任务。

　　美军原计划 1944 年 6 月 18 日在关岛实施登陆，但通过塞班岛登陆作战，觉得登陆部队的兵力还要加强，而增援部队到达战场还需要一段时间，加上海军舰队也要全力对付日军机动舰队，所以斯普鲁恩斯于 7 月 8 日决定登陆作战推迟到 7 月 21 日，登陆部队除原来的海军陆战队第 3 师和暂编第 1 旅外，还增加了陆军第 77 师。77 师原为总预备队，在珍珠港待命，接到参战命令后，于 7 月上旬离开珍珠港，中旬到达埃尼威托克礁湖。

　　关岛登陆仍由康诺利少将指挥的南部编队承担，该编队共有战列舰 6 艘、护航航母 5 艘、巡洋舰 10 艘、驱逐舰 53 艘、护卫舰 2 艘、登陆舰 75 艘、运输船 21 艘，加上扫雷、后勤等舰只，总计 265 艘。

　　地面美军对关岛的炮火准备早在 6 月 11 日就已开始，岛上日机尽数被消灭，日军机场也遭到严重破坏而无法使用。6 月 21 日至 7 月 7 日，美军又对关岛进行了几次舰炮轰击和飞机轰炸，鉴于塞班岛登陆前只实施了两天炮火准备，效果很不理想，使登陆部队遭到了巨大伤亡，因此美军对关岛大力加强了炮火准备。从 7 月 8 日起，进行了持续 13 天的猛烈炮击，发射 406 毫米炮弹和 356 毫米炮弹 6,258 发、203 毫米炮弹 3,862 发、152 毫米炮弹 2,430 发、

127 毫米炮弹 16,214 发。虽然日军利用美军推迟登陆的时间在美军可能登陆的滩头设置大量的障碍和水雷，并在岛上抢修了一些永备火力点和防御工事，但美军这次长时间的炮击严重破坏了日军的防御工事，几乎摧毁了日军暴露的全部火力点，效果比较显著。

7 月 16 日起，美国海军第 3、第 4 和第 6 水下爆破队连续 3 个晚上在将要登陆的滩头进行水下爆破，炸掉暗礁和障碍物，为登陆扫清了障碍。7 月 19 日和 20 日，美军所有担任舰炮火力支援的军舰对登陆地点阿加特和阿散两地进行了极为猛烈的炮击。7 月 20 日，斯普鲁恩斯乘坐旗舰"印第安纳波利斯"号重巡洋舰亲自到达关岛督战。7 月 21 日，晴空万里，风平浪静，正是交兵的好天气。凌晨开始，美军就以 6 艘战列舰、3 艘护航航母、8 艘巡洋舰和 32 艘驱逐舰进行直接火力支援，而且还采用了一种新的战术，军舰和飞机同时对同一目标进行协同攻击，规定舰炮弹道不得高于 365 米，飞机投弹高度不得低于 457 米，这样舰炮与飞机就能发挥更大威力。

8 时 30 分，在猛烈炮火支援下，美军开始突击上陆，陆战 3 师在奥罗特半岛北部的阿散海滩登陆，陆战 1 旅和 77 师在奥罗特半岛南部的阿加特海滩登陆。阿散滩头，陆战 3 师 3 个团同时展开，在 1,800 米宽的滩头并肩突击。由于海岸中珊瑚暗礁很多，只有履带登陆车能够上陆，所以全靠履带登陆车往返接运部队，最初登陆非常顺利，日军抵抗微不足道。中午前后，全师部队以及车辆、火炮就全部上陆，随即发现登陆滩头地形极其不利，前是高地，后是大海，两翼是险峻的悬崖，日军在三面山顶和反斜面部署的火炮居高临下覆盖整个登陆滩头。

美军两万余人拥挤在狭小的登陆滩头，日军每一发炮弹都会给美军造成巨大伤亡。陆战 3 团所要攻击的地形最为险恶，因而伤亡最大，进展最小。陆战 21 团和陆战 9 团处境相对要好些，在舰炮火力的有效支援下，都占领了当面的山头，并击退了日军的反击。

南部阿加特滩头日军抵抗比北部更凶猛，美军履带登陆车刚到达珊瑚礁，就遭到了日军炮火的猛烈轰击，转瞬间就有 24 辆履带登陆车被击毁，占总数的 1/8，由于履带登陆车损失惨重，很多士兵只得涉水上岸，被压制在日军火力点前，无法前进，而补给品也没有按计划运上岸，登陆遇到很大困难。

陆战暂 1 旅奋力杀出一条血路，于中午 11 时许到达了第一预定目标，暂 1 旅旅长也随之上岸，开设指挥所，率领部队奋勇冲杀。

伴随登陆部队上陆的坦克由于地形复杂、遍地障碍和地雷以及错误的引导，一直没能投入战斗，只有一辆坦克在争夺加安据点的激战中，发挥了作用，绕到日军阵地后方，用炮火摧毁了坚固的据点，为步兵前进打开了通路。全天，战斗非常激烈。

入夜后，日军按惯例发起了反击，美军早有防备，不断发射照明弹，一发现日军攻击，立即召唤舰炮火力射击，日军攻势虽然凶猛，却敌不过美军的炮火，白白抛下数百具尸体，毫无收获。

7月22日，北部阿散滩头的美军在舰炮火力支援下开始向前推进，陆战9团攻占了皮提造船厂，其先头部队已经到达了阿普拉港；陆战21团攻占了当面的高地，将日军逐下山头；陆战3团最为艰苦，伤亡惨重而进展缓慢，经过多次增援，才夺下了鸟瞰登陆滩头的高地，并推进到阿格拉至腾爵公路，使美军的坦克能够沿着这条公路前进。

南部滩头也是一番苦战，陆战4团经过血战，才肃清了阿利凡山上的日军；步兵77师之305团虽然进展缓慢，但到了天黑时分，终于与陆战1旅会合，形成了统一巩固的登陆场。7月23日，南部美军继续发展进攻，终于攻占了所有能鸟瞰滩头的高地。7月24日，北部美军也经过3天的激战，肃清了所有能鸟瞰滩头的高地上的日军。南部美军开始攻击苏迈之敌，日军拼死顽抗，阻止了美军攻势。

7月25日晚，日军向美军发起了猛烈的反扑，这是经过了多天精心准备的，就以美军防线的缺口作为目标，先是集中炮火轰击，再是小股部队渗透突击，美军全力应战，击退了日军多次冲锋。但日军根本不顾死伤，攻击波一浪接一浪，终于从北部美军陆战3团与9团之间的空隙冲破了美军防线。有部分日军甚至一直冲到了滩头，美军后方迅速组织勤杂人员前去堵截，有一股日军竟然冲到了美军陆战3师的野战医院，伤病员纷纷拿起武器投入战斗，无法行动的伤员甚至趴在床上开枪。美军火速调来两个工兵连，才将这股日军消灭。其他地区的战斗一直持续到了26日中午，终将日军的这次反击粉碎，日军遗留下的尸体多达4,000具。

7月26日，日军第48独立混成旅团长重松少将战死。7月27日，南部美军77师攻占了关岛的制高点腾爵山，陆战22团在猛烈炮火下攻击能俯瞰机场的一个高地，日军在美军炮火下无法支撑，不等美军发起冲击就放弃了高地。同一天，北部美军占领方提台地。7月28日，美军终于夺取了苏迈，南北两面的部队在腾爵山会师。

当天日军关岛最高指挥官29师团长高品彪中将在战斗中被击毙，前来关岛视察因战斗打响而滞留的第31军军长小烟英良接替指挥。小烟英良深知美军兵力火力都占有较大优势，为进行持久抵抗，他只留下两个大队在关岛最狭窄的腰部进行掩护，亲率主力撤到圣罗萨山，准备作最后战斗。7月29日，陆战1旅夺取了奥罗特半岛，这样美军就已控制了关岛的一半。

美军指挥关岛作战的最高指挥海军陆战队第3军军长盖格少将决定调整部署，陆战3师在左、步兵77师在右并肩向北发展攻击，陆战1旅负责掩护后方，肃清已经占领地区的日军

▶ 被美军抓获的日军俘虏。

残部。经短暂战地休整，美军于 7 月 31 日发起了攻击，在舰炮火力大力支援下，进展顺利。11 时许，陆战 3 团占领了关岛首府阿格拉。

　　8 月 1 日，盖格命令美军加快推进速度，力争抢在日军建立最后防线之前占领圣罗萨山。8 月 2 日，美军攻占了提延机场。8 月 3 日，77 师攻克巴里加达村，村里的水井解决了美军缺乏淡水的问题。8 月 4 日，美军夺取了一个日军坚固防御阵地，歼敌 346 人。8 月 6 日，美军推进到了圣罗萨山下，被日军炮火所阻，美军立即召唤舰炮支援，很快压制了日军炮火。8 月 7 日，陆战 1 旅完成了肃清后方的任务，在陆战 3 师左翼加入进攻。8 月 8 日，77 师攻下了圣罗萨山，陆战 1 旅则推进到了里提迪安角。8 月 9 日，77 师的先头部队到达了帕提角。8 月 10 日，小烟英良向东京大本营发出了最后的诀别电。美军攻到了关岛的最北端，盖格宣布关岛日军有组织的抵抗已经被肃清。但战斗并未结束，8 月 12 日，美军才攻下了日军最后的一处阵地，小烟英良和指挥部的人员不是被杀就是自杀。至此，日军抵抗才基本被平息。

　　岛上还有约 9,000 日军隐藏在丛林和岩洞中，不时出来骚扰，扫荡日军残部的战斗一直持续到战争结束。1945 年 9 月最后一批日军约百余人出来投降，9,000 日军中的大部因为补给断绝，在丛林和岩洞中冻饿而死。关岛一战，美军阵亡 1,435 人，伤 5,648 人。日军阵亡 18,560 人，被俘 1,250 人。美军伤亡比塞班岛几乎少了一半，主要因为美军将登陆时间推迟了一个多月，充分利用这段时间，增加了进攻兵力，加强了舰炮和航空火力准备。

　　这是美军充分吸取了塞班岛的经验教训，同时证明在登陆作战中，炮火准备的重要性，由此看来美军推迟登陆是极为明智的。

No.8 "最成功的两栖登陆战"

提尼安岛位于塞班岛西南约5公里。美军觉得提尼安岛虽然面积较小，但距离塞班岛太近，对塞班岛威胁较大，而且该岛建有设施完备的大型机场，只要稍加改建，就可成为美军的 B － 29 轰炸机轰炸日本本土的出发基地，所以决定北部登陆编队在攻取塞班岛之后尽早夺取该岛。

提尼安岛上日军兵力为海军第56警备队、第82、第83防空队，以及第1航空舰队的空勤、地勤和司令部机关人员，共约4,100人，配置有140毫米岸炮10门、75毫米高平两用炮9门。陆军为步兵第29师团之第50联队、步兵第135联队第1大队和一个坦克中队，共4,000余人，配属75毫米山炮12门、37毫米反坦克炮6门、坦克12辆。第50联队原是驻扎在中国东北的关东军，训练有素，装备精良，是岛上防御的中坚力量。岛上军衔最高的是第1航空舰队司令角田觉治海军中将，但他所属的部队是岸基航空兵，且已在战斗中几乎损失殆尽，所以实际指挥地面战斗的是50联队联队长绪方敬志大佐。

美军在1944年6月11日进攻塞班岛开始后，始终分派部分飞机、军舰对提尼安岛进行火力压制，并吸取塞班岛登陆的经验教训，大力加强了炮火准备。6月20日起，美军就将第24野战炮兵军的近200门155毫米火炮部署在塞班岛西南海岸，对提尼安岛北部地区进行炮击。在15天中，发射的炮弹多达24,536发，平均每分钟就落弹一发。与此同时，美军侦察机和水下爆破队对提尼安岛进行了周密系统的侦察，发现提尼安岛地形不像塞班岛那么复杂，比较平坦，但其海滩多是由珊瑚礁组成的悬崖峭壁，适合登陆的滩头只有西南部的桑哈隆湾和东部的阿西加湾，然而，日军在这两处滩头布设有大量水雷，海滩上密布铁丝网，防御工事比较坚固。除了上述两处滩头外，美军还发现在西北部有两处适合登陆的地点，缺点就是滩头宽度太窄，美军代号"白一滩"的滩头宽度仅30余米，代号"白二滩"的滩头也不过50米宽，但日军在此的防御非常薄弱，几近不设防。特纳与史密斯商议后，认为这里可以得到塞班岛地面炮兵的有力支援，而且出乎日军的意料，能够出其不意，最终决定在这两个滩头实施登陆，以达成进攻的突然性。但在这样狭窄的滩头将两个师的人员、车辆、物资运上岸，还是从来没有过的事，好在美军已经通过几年来的战争逐步学会了如何应对困难，能够在复杂情况下应付自如。

7月22日，美军首次出动 P － 47 战斗攻击机使用凝固汽油弹攻击提尼安岛。7月23日，美军将提尼安岛划分为5个区域，投入了舰载机、岸基航空兵、舰炮和地面炮火进行了全面火力准备，使日军火炮阵地和防御工事遭到了严重破坏，美军在炮火准备中故意对桑哈隆湾和阿西加湾进行了猛烈轰击，而对预定登陆的西北部地区轰击很轻微，以迷惑日军。绪方将

▶ 登陆美军用炮火压制日军的反攻。

其主力调到上述两个滩头，但他还是留了一手，命令各地部队必须将2/3的兵力作为机动兵力，随时准备调往其他地区，以应付突发情况。当天夜间，美军陆战2师两个团在桑哈隆湾和阿西加湾实施了佯动登陆，当日军开始还击后，就重新登上运输舰，前往真正的登陆地点。陆战4师则由37艘坦克登陆舰运载，在西北海滩实施登陆。美军乘坐履带登陆车分为15个波次，以很小间隔向滩头冲击。7时50分，第一波抢滩登陆，履带登陆车卸下登陆兵立即调头，运载后续部队，尽管每一波只相距4分钟，但美军没有一点混乱，秩序井然，日军抵抗极其轻微。8时20分，已有3个营上岸。10时30分，推土机上岸，迅速拓宽了滩头，改善了滩头狭窄的不利局面。11时30分，第一批M－4坦克上岸。13时15分，75毫米榴弹炮运上岸，随即在预定位置就位，开始以炮火支援登陆部队的推进。黄昏时分，塞班岛运来的两个浮桥码头开始架设，于次日早晨开始发挥作用，满载人员和物资的车辆可以从浮桥码头直接开上岸，大大提高了卸载的速度和效率。17时45分，陆战4师全部上岸。

18时50分，75毫米半履带式自行火炮也开始上岸。20时，佯动登陆的陆战2师先头营也已登上滩头。日终时，美军已有15,614人上岸，并形成了巩固的登陆场。7月25日凌晨，绪方投入了两个步兵大队和12辆坦克，发动了反击。总共向美军发起了三次冲锋，在美军猛烈炮火下，阵亡达到1,200人，但日军的进攻一直持续到天亮才告平息。这次反击伤亡的都是提尼安岛上最具战斗力的第50联队的精锐部队，惨重伤亡使日军的防御力量遭到了极大削弱，此后日军就再也没有实施有组织的反击。7月25日，美军采取白天进攻，夜间防御的战法，当天猛攻马加山和拉索山，双方发生了激烈的战斗。而美国海军第58特混编队出动了3个特混大队从25日至28日对加罗林群岛日军机场和军港进行了空袭，以使上述地区的日军无法增援提尼安岛。7月26日，美军陆战2师全部上岸，投入战斗。陆战4师则占领了北机场，并于7月29日起修复使用。1945年8月，美军在日本广岛投下原子弹的B-29轰炸机就是从这个机场起飞的。下午，美军的105毫米榴弹炮也被运上岛，开始猛烈轰击岛上日军，日军在美军猛烈炮火轰击下，通信联系全部中断，失去了统一的指挥，只能各自为战，凭借着防御工事负隅顽抗。

7月27日，美军两个师并肩突击，步步为营，稳扎稳打，由北向南逐步推进，日军由于失去了统一指挥，而且岛上多是开阔的甘蔗田，没有险峻地形可供日军利用，因此节节败退。7月28日，美军攻占了格关角。7月30日，美军占领了提尼安城。美军已经控制了提尼安岛4/5的地区，日军被压制到岛的南部，仍在拼死顽抗。8月1日，美军先后占领了东南角的马波角和最南端的拉娄角，当晚史密斯将军宣布全部占领了提尼安岛，但在此后的数天时间里，还有小股日军残部进行自杀性的冲锋，却已经无力回天。绪方等日军指挥官下落不明，据推测已经按照日军的传统剖腹自杀。

提尼安岛登陆战，美军阵亡389人，伤1,816人。日军守岛部队大部被歼，仅美军掩埋的日军尸体就有5,000具，还有252人被俘，其余守军有的隐藏在丛林或岩洞中，有的乘小艇逃往其他岛屿，直到战争结束后，还有61人从丛林中走出来投降。美军在此次登陆战中，付出极小的伤亡，仅用9天时间就攻下了提尼安岛，堪称岛屿登陆战的经典，被史密斯将军誉为："太平洋战争中最成功的两栖登陆战。"这主要是美军充分吸取了塞班岛的经验，炮火准备和支援比较得力，计划周密，指挥得当，选择登陆地点出其不意。

至8月中旬，美军基本夺取了塞班、关岛和提尼安岛，击毙日军6万多名，还有数万日本侨民跳崖自杀，日本称为"玉碎岛"。美军仅阵亡5,000多人。美军占领马里亚纳群岛，日本本土直接处在从马里亚纳群岛起飞的美军B-29轰炸机的空袭之下，美军获得了在中太平洋上继续进军的前进基地。

马里亚纳群岛的失陷，极大震撼了日本，东条内阁于战役进行中的7月18日被迫辞职，驻朝鲜占领军总督，有着"高丽之虎"绰号的陆军大将小矶国昭接任首相，组织新内阁。战后，日本最后一任战时内阁首相在接受美军审讯时，承认当马里亚纳群岛战役失败后，他就确信日本已经在战争中失败了！

▲ 登陆硫磺岛的美军。

第五章

绞肉机——登陆硫磺岛

　　4英里长，形状像火鸡一样，面积约20平方千米的硫磺岛，没有前线，没有后方，每一寸土地都是战场……更恐怖的是日军不是在岛上，而是在岛内。多年来，他们在岛上修筑了复杂的密如蛛网般的地下工事，有的地下工事多达三层，能出其不意地从洞穴、岩石缝隙中突然出来，对我们进行残酷袭击。神经一直绷得很紧，除了手中攥出汗水的来复枪，你对周围的一切都不能相信。

——前参战美军海军陆战队上尉赫奈斯回忆硫磺岛战

役时说

◀ 美国总统罗斯福与麦克阿瑟、尼米兹共同研究战争形势。

No.1　如鲠在喉

今天，在美国首都华盛顿特区阿灵顿国家公墓广场上，有一座 5 名海军陆战队的士兵正在奋力插起美国国旗巨型雕像。这是根据美联社摄影记者乔·罗森塔尔在硫磺岛战役中拍下的著名照片塑成的，这座雕塑表现的正是硫磺岛上的血战。2 月 23 日早晨，美军包围了硫磺岛折钵山，巡逻队冲上山顶，升起一幅美国国旗。到中午，他们又升起一幅更大的美国国旗。乔·罗森塔尔及时按下了相机快门，拍下这张影响深远的著名照片。来来往往的人群中，不时有人驻足，仰望这座具有伟大纪念意义的作品，缅怀起在第二次世界大战太平洋战场上具有"绞肉机"之称的硫磺岛战役中英勇献身的美国军人们，崇敬与爱国之情交织而生。

1944 年 10 月，随着太平洋战争向日本逐步逼近，美国决定将战火烧到日本本土。海陆两军对进攻目标产生了激烈争论。海军上将尼米兹力主攻打台湾和福建，与中国坚持抗战的国民革命军会师。同时这一策略也和美军沿吉尔伯特环礁到马绍尔、加罗林群岛的战线相匹配。但是陆军上将麦克阿瑟坚持要兑现对菲律宾的诺言。由于之前美军战略主要以海军为主，同时台湾处于日军陆基航空兵的攻击范围，而且面积较大、地形复杂，当易守难攻，美军担心遭到过大伤亡而影响日本登陆作战，出于平衡海陆军矛盾和实际战略考虑，罗斯福召集两位将军，最终达成了菲律宾 - 台湾 - 小笠原 - 琉球战役顺序。

硫磺岛，位于小笠原群岛南部，是该群岛的第二大岛，北距东京 1,200 余公里（650 海里），南距塞班岛 1,100 余公里（630 海里），东南距马里亚纳群岛 500 余公里（290 海里）。岛长约 8,000 米，宽约 4,000 米，形状酷似火腿，面积约 20 平方公里，岛的南部有一座尚未完全冷却的死火山，叫折钵山，海拔 160 米，终年喷发着雾气，硫磺味弥漫全岛，故此得名，是全岛制高点。折钵山以北有一片比较宽阔平整的高地，地势低平，有一小片被梯状台地逼住的海滩，称为中部高地，再往北，地形逐渐起伏，并有数座山峰和多道陡峭的峡谷，被称为元山地区，岛上大部分地区都覆盖着厚厚的火山灰。硫磺岛地形起伏，沟壑纵横，溶洞密布，悬崖峭壁临海高耸。除中部高地以外，全岛没有任何可供船舶停靠的锚地或港湾。虽然硫磺岛岛小人少，但正处在东京与塞班岛之间，战略地位非常重要。

在 1944 年前，日军仅仅把硫磺岛作为太平洋中部与南部的航空中继基地，只部署了海军守备部队 1,500 余人和飞机 20 架。1944 年马里亚纳群岛失守后，硫磺岛的重要性日趋明显，日军才开始大力加强其防御力量，3 月下旬将 4,000 余陆军部队送上岛；5 月将硫磺岛的陆军部队整编为第 109 师团，由栗林忠道中将任师团长。栗林是出色的职业军人，曾担任过天皇警卫部队的指挥官，他在岛上配备了 120 毫米、155 毫米岸炮、100 毫米高射炮和双联装 25 毫米高射炮，7 月海军第 27 航空战队也调至岛上。截止 1945 年 2 月，日军在岛上陆军约 1.5 万余，海军约 7,000 余，共约 2.3 万人，飞机 30 余架，由栗林统一指挥。日军在岛上的中部高地和元山地区各建一个机场，分别叫做千岛机场和元山机场，也叫一号机场和二号机场，并在二号机场以北建造第三个机场。

自从美军 1944 年 7 月攻占马里亚纳群岛后，就开始建立航空基地，出动 B－29 重型轰炸机空袭日本本土。但马里亚纳群岛距日本本土将近 1,500 海里，B－29 进行如此长距离的空袭，由于受航程的限制，只能携带 3 吨炸弹，仅为 B－29 最大载弹量的 30%。而且因为航程太长，战斗机无法进行全程护航，因此 B－29 只能在 8,000 至 9,000 米高度实施面积轰炸，效果很不理想。而硫磺岛上的日军不仅可以向东京提供早期预警，而且可以起飞战斗机进行拦截，甚至还不断出动飞机攻击美军在塞班岛等地的机场，更是大大降低了美军对日本本土战略轰炸的作用。硫磺岛对美军而言，简直是如鲠在喉。如果美军占领硫磺岛，那所有的不利都转化为有利，从硫磺岛起飞 B－29 航程减少一半，载弹量则可增加一倍；战斗机如从硫磺岛起飞，可以为 B－29 提供全程伴随护航；甚至连 B－24 这样的中型轰炸机也能从硫磺岛起飞空袭日本本土；更重要的是硫磺岛还可作为 B－29 的备降机场，供受伤的 B－29 紧急降落或加油。因此美军对硫磺岛是势在必得！美陆军航空兵（即美国空军的前身）司令阿诺德上将于 1944 年 4 月 17 日向美参谋长联席会议提出攻占硫磺岛的请求，美参谋长联席会议随即同意这一请求，责成太平洋战区担负此项作战，太平洋战区总司令兼太平洋舰队

▲ 史密斯中将（叼雪茄者）与手下将领一起研究进攻硫磺岛的作战方案。

总司令尼米兹上将为就近指挥，将其指挥部从珍珠港移至关岛。

　　1944年10月初，太平洋舰队司令部的参谋人员就将进攻硫磺岛的计划制订出来，参加作战的地面部队为第5两栖军，下辖海军陆战队第3、4、5师，共约6万人，由霍兰·史密斯中将指挥；登陆编队和支援编队，由"短吻鳄"凯利·特纳中将指挥；米切尔中将指挥的第58特混编队负责海空掩护；所有参战登陆舰艇约500艘，军舰约400艘，飞机约2,000架，由第5舰队司令斯普鲁恩斯上将统一指挥。这次参加指挥的美军将领都是太平洋战争中骁勇善战的名将，参战的海军陆战队也是美军最擅长两栖登陆的精锐部队，接受过严格系统的登陆战训练，而且战斗力之强、战斗作风之悍，战斗意志之顽强在美军中都是首屈一指的。

　　由于参战部队中相当一部分人正在支援对吕宋岛的登陆作战，硫磺岛战役只得等吕宋岛战役结束后的1945年1月才能开始，又因为吕宋岛战役进展缓慢，结束的日期从计划的1944年12月20日推迟到了1945年1月9日，尼米兹再将硫磺岛的作战时间推迟到1945年2月中旬。

No.2 莱特大海战

马里亚纳群岛陷落后，日本"绝对国防圈"已被冲破，海空军实力基本耗尽。此时日本海军主要军舰仅 165 艘，88 万吨；而太平洋上美军却有 791 艘，352 万吨。但日军大本营仍负隅顽抗，将精锐的关东军 6 个师团调往菲律宾，并调集海军全部主力，企图在菲律宾与美军决战，代号"捷 1 号"作战。

1944 年 8 月，日军大本营将在菲律宾的第 14 军升格为第 14 方面军，将号称"马来之虎"的山下奉文大将调去担任司令官。同时，从关东军、中国派遣军和朝鲜军调遣精锐师团进驻菲律宾。除第 16 师团驻防莱特岛外，1944 年 7 月，日军将关东军第 8 师团（原驻黑龙江绥阳）和第 2 坦克师团调往菲律宾吕宋岛。同年 7 月，将中国派遣军驻山西大同的第 26 师团派往吕宋岛，驻马尼拉附近（后前往莱特岛）。此外，日军在菲律宾还先后组建了第 30、100、102、103、105 师团。至 8 月山下奉文接任时，在菲律宾的第 14 方面军已有 9 个师团、3 个旅团，共计 23 万人。此外在吕宋岛还有第 4 航空军 6 万人，海军 7.5 万人，补充兵员 3 万人，合计约 40 万人。

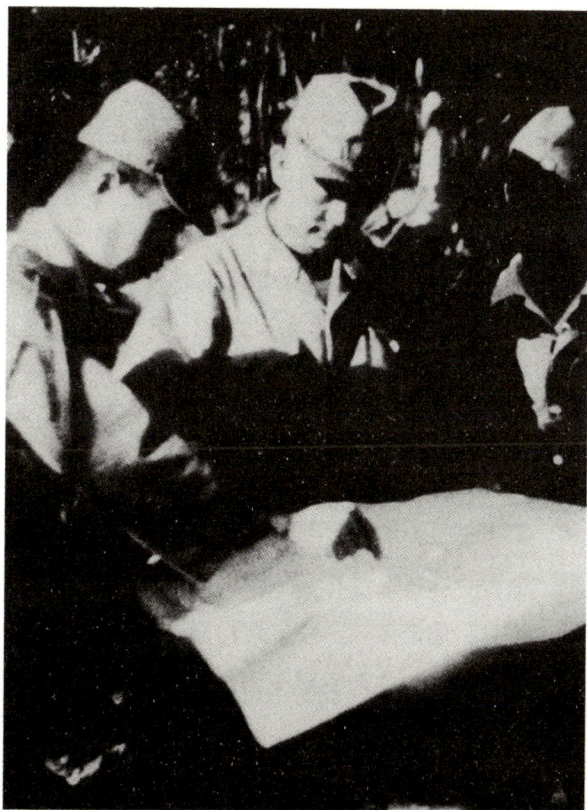

▶ 日军第 109 师团师团长栗林忠道与属下一起研究守岛方案。

但这还不是在菲律宾的日军全部。1944年9月22日，关东军第1师团（驻黑龙江北部的孙吴）调往菲律宾。11月，关东军第10、23师团和朝鲜军第19师团也调往菲律宾（朝鲜军的第19师团也参加了"关东军特别大演习"，与第20师团一样，也被视为关东军部队）。第10师团就是1938年进攻台儿庄的部队；第19、23师团是日军中仅有的曾与苏军作战的师团（第19师团在张鼓峰，第23师团在诺门坎）。第19师团是驮马编制，2.8万人；第1、10师团是摩托化编制，2.44万人；第23师团是日军中唯一的机械化师团，2.6万人。加上这4个关东军师团，以及其他特种部队，从东南亚返回本土途中滞留菲律宾的人员，日军正规军在菲律宾共57万人。连同动员的武装日侨，在菲律宾的日军总计达63万人，是日军在太平洋上最大的一个战略集团。

进攻菲律宾的美军，是麦克阿瑟指挥的西南太平洋部队，陆海军总计达50万人。登陆莱特岛的部队为第6集团军，下辖5个师，20万人。海军第3舰队主力是第38特混舰队，有17艘航空母舰、6艘战列舰、17艘巡洋舰和58艘驱逐舰；第7舰队有738艘舰艇，包括18艘护航航空母舰、6艘战列舰、11艘巡洋舰、86艘驱逐舰、25艘护航驱逐舰。10月20日，美军登陆莱特岛，在岛上的日军开始仅有第16师团共13,778名官兵，根本无法抵挡美军的进攻，丢下13,158尸体，击毙师团长牧野四郎中将，仅620名幸存者逃向内陆。

联合舰队最高长官丰田副武认为："假如我们丧失菲律宾，而舰队幸存下来，那么我们南北之间的海道就被割断了。假如舰队待在日本领海的话，那么它得不到燃料补给。假如它待在南海的话，那么它就得不到武器弹药的补给。因此假如我们失去菲律宾的话，那么保存这支舰队也没有意义了。"因此，日本海军倾其全力，出动64艘军舰（4艘航空母舰、9艘战列舰、20艘巡洋舰、31艘驱逐舰），从10月23至26日，以莱特岛为中心与美军第3、7舰队进行了长达4天的激战。

1944年10月20日，美军一支两栖部队进攻菲律宾群岛中部的莱特岛，这是莱特湾战役的开始。同一天，日军一支部队从莱特岛东南部进入阵地，美军的第7舰队的潜水艇发现日军第一攻击部队。

栗田的舰队，由5艘战列舰组成（五艘战列舰："大和"号、"武藏"号、"长门"号、"金刚"号和"榛名"号），加上10艘重巡洋舰、2艘轻巡洋舰和15艘驱逐舰。栗田的舰队企图突破圣贝纳迪诺海峡，攻击莱特湾内的登陆舰队。于10月24日进入莱特岛东北的锡布延海。在锡布延海海战中他受到美国航空母舰的攻击，"武藏"号战列舰被击沉。栗田调头撤退，美国飞行员以为他就此退出战场，但晚间他再次调头进入圣贝纳迪诺海峡并于清晨来到萨马岛。

西村中将的舰队由战列舰"扶桑"号、"山城"号以及"最上"号重巡洋舰和4艘驱逐舰

▲ 时任日军第 14 方面军司令官的山下奉文。

组成，于10月25日清晨3点进入苏里高海峡，正好撞到美军的作战舰队。在苏里高海峡海战中"扶桑"号战列舰和"山城"号战列舰被击沉，西村战死，他的剩余力量向西撤退。

小泽的航空母舰舰队包括4艘航空母舰："瑞鹤"号、"瑞凤"号、"千岁"号、"千代田"号，第一次世界大战时建造的战列舰改装成的2艘航空战舰："伊势"号、"日向"号，3艘巡洋舰："大淀"、"多摩"、"五十铃"和8艘驱逐舰组成。"瑞鹤"号是最后一艘参加过珍珠港事件幸存至此的航空母舰。"日向"号和"伊势"号的后部炮塔被改成机库、跑道和起飞机构，但这两条船都没有带飞机。小泽一共只有108架飞机。10月24日下午16时40分哈尔西上将接到发现小泽的舰队消息时，美军正在对付栗田的舰队和吕宋岛来的空袭。于10月25日才率航空母舰队追击。哈尔西的舰队非常庞大，拥有9艘航空母舰（"无畏"号、"大黄蜂"号、"富兰克林"号、"列克星敦"号、"邦克山"号、"黄蜂"号、"汉考克"号、"企业"号、"埃塞克斯"号）、8艘轻航空母舰（"独立"号、"普林斯顿"号、"贝勒伍德"号、"科本斯"号、"蒙特利"号、"兰格利"号、"卡伯特"号、"圣哈辛托"号）、6艘战列舰（"亚拉巴马"号、"依阿华"号、"马萨诸塞"号、"新泽西"号、"南达科他"号、"华盛顿"号）、17艘巡洋舰、64艘驱逐舰和1 000多架飞机，在恩加尼奥角海战中4艘日本航空母舰被击沉，小泽的剩余力量逃往日本。

栗田的舰队于10月25日清晨6时到达萨马岛。此时哈尔西正在追击小泽，在栗田的舰

▼ 美军登陆舰艇向莱特岛进发。

队和美国的登陆舰队之间只有三支美国护卫航空母舰和它们的驱逐舰编队。在萨马岛海战中美国驱逐舰绝望的鱼雷攻击和无情的空中攻击，以及天气的不利使栗田以为他面临的是美军主力，因此他转身撤出战场。

莱特大海战，世界上最大的一次海战，战场以莱特岛为中心南北达 1,000 多海里，东西 500 多海里，双方投入航空母舰 39 艘、战列舰 21 艘，巡洋舰 47 艘，仅驱逐舰以上的大型军舰就有 300 多艘，舰载和岸基飞机 2,000 多架。日军被击沉航空母舰 4 艘，战列舰 3 艘（含 7 万吨级的超级战列舰"武藏"号），巡洋舰 9 艘，驱逐舰 9 艘，计 30.6 万吨；美军损失航空母舰 3 艘，驱逐舰 3 艘，计 3.7 万吨，不及日军损失 1/8。

莱特湾海战也是太平洋战争中最后一次大海战，也是历史上最大的一次海战。这场海战消灭了日本的海军力量，除了陆上基地的飞机外，日本海军几乎已不复存在，美军取得了绝对的制海权。小泽在战后受审时说："在这一战之后，日本的海面兵力就变成了绝对性的辅助部队，除了某些特种性质的船只以外，对于海面军舰已经是再无用场可派了。"

No.3 "天王山移动了"

天正十年，军阀羽柴秀吉和明智光秀在山崎交战，占领天王山为胜败关键，因此，日本把决定战争胜负的关键地点称为天王山。日军大本营不顾莱特大海战惨败，仍不改决心，重兵增援莱特岛。日本首相小矶国昭甚至宣称"莱特岛之战是日美战争中的天王山"。适逢菲律宾正是台风季节，连下 40 日暴雨（860 毫米雨量），尽管美军在岛上已夺取 5 个机场，仍由于山洪暴发和泥浆遍地而无法使用。日军趁机将第 1、26 师团和第 68 旅团等部通过南部的奥莫克湾送上莱特岛。这个第 68 旅团并非等闲之辈，而是关东军以陆军公主岭学校教导队为基干编成的精锐部队，堪称精锐中的精锐。经增援，岛上日军已达 7 万人。但到了 11 月中旬天气略有好转，美军破译日军密码，获悉日军有一支运输船队从马尼拉驶向奥莫克湾。

11 月 11 日拂晓，载运日军第 35 军直属部队和第 26 师团一部共 1 万人的 5 艘运输船遭美军 347 架飞机的袭击，炸沉全部运输船和 4 艘驱逐舰，日军 1 万人几乎全部淹死，军用物资也全部损失。莱特岛上的日军在海上运输线被切断的情况下，尽管顽强奋战，特别是第 1 师团第 57 联队在利蒙附近高地 50 天的战斗中重创美军第 1 骑兵师和第 24 师，以致美军称为"断颈岭"，但日军在弹尽粮绝下终于崩溃，第 57 联队仅余 200 多人。第 1 师团是日军中最老的师团之一，号称精锐的"玉"师团，共有 1.5 万人登陆莱特岛，生还者仅 743 人。1945 年 1 月中旬，莱特岛战役结束，岛上日军死亡 6.8 万，美军仅死亡 3,500 人（总伤亡 1.2 万人），

只有日军1/20。日军在莱特岛上的第35军
所属的第1、16、26师团和第68旅团全军
覆没，这是太平洋战争以来日军第一次在
一场岛屿战中就被歼灭3个师团兵力。至
战败后，小矶故作镇静，又宣称"天王山
之战已由莱特岛向吕宋岛转移"。日本民众
因此嘲笑说："听说没有败，只是天王山移
动了"。一时传为笑柄。

美军占领莱特岛后，山下奉文将驻吕
宋岛日军28.7万人编成3个集团，分别
驻守北部和中南部山区，企图以持久防御
牵制和消耗美军。美军为取得进攻吕宋岛
的前进基地，于12月15日占领民都洛岛。
1945年1月9日，美第6集团军约20万
人在美国第7舰队舰炮的强大火力和美国
第7、第3舰队航空兵突击的掩护下，从吕
宋岛西岸的林加延湾登陆，尔后一路（第1
军为主）向北吕宋进攻，另一路（第14军

为主）向马尼拉方向推进。第一天有6,800人（美第1、第14军的基本兵力）在吕宋岛上陆，
并且夺取了正面32公里、纵深7.5公里的登陆场。由于日军顽强抵抗，美军进展缓慢。为加
快进攻速度，美军在向林加延湾增兵的同时，以第8集团军部分兵力分别在苏比克湾西北的
圣安东尼奥和马尼拉湾以南的纳苏格布登陆，并投入第11空降师断敌后路，很快就将掩护仁
牙因湾至马尼拉的日军第19、23、103师团、第2坦克师团和第58旅团等部击溃，于2月4
日冲入马尼拉。防守马尼拉的是日本海军人员约2万人，经一个月巷战全部被击毙。日军主
力退入山地丛林，病死饿死者超过战死者10倍以上。

据幸存的日军回忆，当时患上登革热、烂脚病的人，就等于被宣判了死刑。"回归热"更
是热带丛棘中最可怕的一种疾病。患者周期性地持续高烧，初次发烧一般7天，又歇7天；
然后第二次发烧五六天，又间歇五六天；再第三次发烧……周而复始，将人折磨得死去活来，
同时间歇时间越来越短，发烧越来越频繁，故名"回归热"。不知有多少日军被"回归热"反
复折磨，熬干气血，在已无人形时悲惨地死去。饥饿，是更大的敌人。渗入丛林的数10万日

▲ 进攻民都落岛的美军。

军官兵，成为与丛林中的动物竞食的一股可怕力量。他们似一群大蝗虫，所过之处，树皮、草根皆遭殃，飞禽走兽纷纷落荒而逃。日军甚至还自相残杀，吃掉战友的尸体！据士兵荻原等长一回忆，他曾来到某个岩洞，受到 3 个军士的"款待"，给他吃了一种味道独特的熏肉。荻原等人狼吞虎咽地吃完那些熏肉后，好奇地询问这是什么肉。那个伍长淡淡地说："我们在同类相食呢！"曹长补充道："把不能行走但还有一口气的战友的躯体就那么扔在那里，让蛆虫、野兽暴食，怪可惜……所以我们自己享用了！"荻原一行听罢，不禁翻肠倒肚。后来才知道，被这几个人吃掉的，并不是他们所说的与他们素不相识的海军人员，而是与他们同一分队的朝夕相处的战友，而且都是同乡。在一个已经塌顶的小窝棚里，还横陈着 5 具士兵的尸体。尸体的大腿肉已被剔去，仅剩下白森森的股骨和肱骨。窝棚不远处，有 4 个士兵围坐在篝火旁烤食着人肉。一名少尉带领一个分队路过这里时，这 4 个士兵加入了这支队伍。几天后，这 4 个士兵杀掉了熟睡中的少尉，除骨头外，包括脚掌底下的皮都吃得干干净净。这就是日军在菲律宾失败的惨状。

　　1945 年 2 月，卷土重来的麦克阿瑟率美军直逼马尼拉城下。日本第 14 方面军司令山下奉文大将下令马尼拉为不设防城市，但海军部队拒绝服从。在美军强攻马尼拉期间发生了持续达一个月之久的屠杀事件，直到 2 月 23 日，美国军队重新夺回马尼拉。

　　战后据统计，马尼拉围城期间，死亡的菲律宾人总数达 10 万人以上，平均每天有 3,000 人遇害。考虑到美军攻城期间也动用了大量重武器，10 万人中有一部分死于美日两军的交火。但大部分菲律宾人肯定是死于日军有组织的大屠杀。美军缴获了一份这样的日军命令："杀死菲律宾人时，尽量集中在一个地方，采用节省弹药和人力的方式进行，尸体的处理很麻烦，应把尸体塞进预定烧掉或炸毁的房屋里，或扔进河里。"美军还开始了解放菲律宾南部（棉兰老岛、巴拉望岛及其他岛屿）的战斗行动，美第 8 集团军（司令罗伯特·艾克尔伯格）参加了此次行动。嗣后，美军在吕宋岛和其他岛屿上进行了消灭岛上南北两部日军个别孤立集团的战斗行动。菲律宾的战斗行动于 7 月初正式结束，但是，在吕宋岛及其他岛屿上同继续抵抗的小股日军的战斗一直持续至第二次世界大战结束。

　　日军在菲律宾战死陆军 36.87 万人，海军 11.79 万人，合计 48.66 万人。加上军属，共计死亡 51.8 万人，近 52 万大军化作白骨。

　　日军的海空军主力在菲律宾战役中遭到了毁灭性的打击，已无力为硫磺岛提供海空支援，硫磺岛的抗登陆作战是要在几乎没有海空支援的情况下进行。这样就为硫磺岛登陆创造了条件。

No.4 "死守硫磺岛"

　　硫磺岛是美军开始攻占的原本属于日本的第一座岛屿，这里被日本视为圣地，一旦硫磺岛不保，冲绳岛和东京将陷入更大的危机，日本天皇亲自指示"死守硫磺岛"。因此，栗林心理十分清楚自己与众部下的最终归宿——那就是在硫磺岛埋葬自己及全体部队，并尽可能给美军以杀伤。此时，日本军队高层的心理与开战之初是有很大的不同的。栗林意识到面对美军绝对海空优势，滩头作战难以奏效，主张凭借折钵山和元山山地的有利地形，依托坚固的工事，实施纵深防御。但海军守备部队仍坚持歼敌于滩头，最后栗林做出了折中的方案，以纵深防御为主，滩头防御为辅，海军守备部队沿海滩构筑永备发射点和坚固支撑点，进行防御；陆军主力则集中在折钵山和元山地区，实施纵深防御。

　　栗林决心将硫磺岛建成坚固的要塞，以折钵山为核心阵地，以两个机场为主要防御地带，适宜登陆的东西海滩则是建设成以永备发射点和坚固支撑点为骨干的防御阵地。日军的防御工事多以地下坑道阵地为主，混凝土工事与天然岩洞有机结合，并有交通壕相互连接。炮兵

▲ 美军轰炸后的硫磺岛。

阵地也大都建成半地下式，尽管牺牲了射界，却大大提高了在猛烈轰击下生存能力。火炮和通讯网络都受到良好保护，折钵山几乎被掏空，筑有的坑道有9层之多！针对美军的作战特点，栗林在海滩纵深埋设了大量地雷，机枪、迫击炮、反坦克炮构成绵密火力网，所有武器的配置与射击目标都进行过精确计算，既能隐蔽自己，又能最大限度杀伤敌军。唯一不足的是，原计划元山地区将修筑的坑道工事有28公里长，由于时间不够，当美军发动进攻时只完成了70%，约18公里，而且折钵山与元山之间也没有坑道连接。

栗林一改日军在战争初期的死拼战术，规定了近距射击、分兵机动防御、诱伏等战术，还严禁自杀冲锋，号召每一个士兵至少要杀死10个美军。栗林的这些苦心经营，确实给美军造成了巨大的困难，使硫磺岛之战成为太平洋上最残酷、艰巨的登陆战役。

美军对硫磺岛的海空轰击早已开始。

由于美军迅速攻占了马里亚纳群岛，原计划运往马里亚纳群岛的人员、装备和物资都被就近转用于硫磺岛。尽管美军组织飞机、潜艇全力出击，企图切断硫磺岛的增援和补给，但日军以父岛为中转站，采取小艇驳运的方式，因此美军的封锁效果并不理想。从1944年8月10日起，驻扎在塞班岛的美军航空兵就开始对小笠原群岛进行空袭，重点是硫磺岛的机场和为硫磺岛进行物资补给的中转地父岛的港口设施。从8月至10月，共进行过48次轰炸，投弹约4,000吨，但收效甚微。

11月24日，塞班岛的美军首次出动B－29对日本本土实施轰炸，引起了日军极大的恐惧，并随即作出反应，3天后即11月27日，硫磺岛日军出动了2架飞机空袭塞班岛美军B－29航空基地，击毁B－29一架，击伤11架。随后的日子里，硫磺岛日军又多次组织对塞班岛美军航空基地的空袭，至1945年1月2日，已累计击毁B－29六架，严重威胁着美军B－29航空基地的安全。为压制硫磺岛日军飞机的袭扰，美军于1944年12月8日组织了一次海空协同突击，出动飞机192架次，其中B－29重轰炸机62架次，B－24中型轰炸机102架次、重巡洋舰3艘、驱逐舰7艘，共投掷炸弹814吨，发射203毫米炮弹1,500发、127毫米炮弹5,334发。这样猛烈的轰击，却并未彻底摧毁硫磺岛机场，仅仅起了短暂的压制作用。自这次海空协同突击后，美军在12月间又组织了4次类似的海空联合突击。

12月9日起，由黑尔少将指挥的第7航空队B－24轰炸机只要天气允许，几乎每天出动对硫磺岛进行轰炸，塞班岛的B－29也不时加入对硫磺岛的轰炸。至1945年2月初，美军共出动舰载机1,269架次，岸基航空兵1,479架次，军舰64艘次，总共投掷炸弹6,800余吨，发射大口径舰炮2万余发，其中406毫米炮弹203发，203毫米炮弹6,472发，127毫米炮弹15,251发。美军如此猛烈密集的火力轰击，由于日军的防御工事异常坚固，效果十分有限，对岛上两个机场也没能予以彻底摧毁，日军总能在空袭后迅速修复，而日军初步领略到了美军的火力，更加倾注全力修筑以坑道为骨干的防御工事。

1945 年 1 月 26 日，哈尔西海军上将指挥的美国第 3 舰队完成了支援麦克阿瑟的西南太平洋部队攻入菲律宾吕宋岛登陆作战支援任务，便回到尤里蒂环礁湖锚地，进行休整。按照轮流指挥计划，第 3 舰队司令哈尔西上将将指挥权移交给斯普鲁恩斯，第 3 舰队随即改称第 5 舰队。中太平洋和西南太平洋部队的进军路线又分开为两路，麦克阿瑟计划南进，攻打菲律宾群岛的其余部分和荷属东印度；借给第 7 舰队的大多数舰艇又重新归尼米兹指挥。

最初，斯普鲁恩斯和尼米兹都认为攻占这样一个弹丸小岛，不会费多大力气，但看了对硫磺岛的空中侦察所拍摄的航空照片后，才知道在这个岛上极可能存在不同寻常的防御系统，史密斯中将仔细研究了航空照片后，表示这将是最难攻占的岛屿，并预计要付出两万人的伤亡。

1 月 28 日，当负责组织对日本本土战略轰炸的陆军航空兵第 21 航空队司令柯蒂斯·李梅少将前来协商航空兵如何支援硫磺岛登陆作战时，斯普鲁恩斯就向他提出硫磺岛对于战争究竟有多少价值？李梅立即肯定地表示没有硫磺岛就无法有效地对日本本土进行战略轰炸。斯普鲁恩斯这才如释重负，决心不惜付出巨大代价攻取硫磺岛。

2 月 2 日，尼米兹来到乌利西，视察硫磺岛作战的准备情况。斯普鲁恩斯提议为阻止日军对硫磺岛可能的增援，必须首先使用舰载航空兵对日本本土的关东地区机场进行压制，尼米兹同意了这一计划。随后，尼米兹又前往塞班岛观看了将在硫磺岛实施登陆作战的第 5 两栖军的 3 个海军陆战队师进行的临战演习。

2 月 10 日，斯普鲁恩斯以"印第安纳波利斯"号重巡洋舰为旗舰，第 58 特混编队司令米切尔以"邦克山"号航母为旗舰，一起率领由 16 艘航母、8 艘战列舰、15 艘巡洋舰、77 艘驱逐舰组成的航母编队驶离乌利西，经马里亚纳群岛和小笠原群岛以东，直扑日本本土。这是美军自 1942 年 4 月杜利特尔空袭东京以来航母编队第一次袭击日本本土。斯普鲁恩斯计划 16 日抵达日本外海，以 16 日、17 日两天时间对日本本土关东地区的机场进行压制性的空袭，然后再南下参加硫磺岛作战。他特别担心日军的"神风特攻队"的威胁，所以每艘航母上只有 30 架轰炸机和鱼雷机，其余全部搭载战斗机。为了尽量减少被日军发现的可能，出动多艘潜艇在编队航道前方担任侦察搜索，而塞班岛的岸基航空兵则以 B-24 和 B-29 对编队经过的海域上空进行巡逻警戒。编队自身还以多艘驱逐舰在编队前方组成搜索幕，同时以舰载机进行 24 小时不间断反潜警戒。正是由于采取了上述严密的防范措施，加上恶劣天气的掩护，美军航母编队于 16 日拂晓一直到达距东京东南 125 海里海域，此地距最近的日本本土海岸仅 60 海里，仍没被日军发现。

1945 年 2 月 16 日，美国第 5 舰队兵分两路：斯普鲁恩斯和米切尔亲自指挥第 58 快速航空舰突击队，开赴东京附近，派出飞机，对日本本土进行空袭。美军航母编队出动舰载机 1,000 余架次，分成数个攻击波对东京湾各机场进行攻击，由于天空中阴云低垂，攻击效果并不理想。

2 月 17 日，美军又出动两个攻击波舰载机 500 余架次，对关东地区的机场、飞机制造厂、锚泊船舶等目标进行了轰炸。两天里，美军在空战中击落日机 332 架，在地面上击毁日机 177 架，给一些机场、飞机制造厂造成了一定破坏，这次空袭的效果不是很大，但却极大吸引了日军注意力。当天下午，美军航母编队离开日本外海南下，参加硫磺岛作战。

No.5 抢滩硫磺岛

在美军对硫磺岛和日本东京进行轰炸的同时，海军编队也向硫磺岛进发。

2 月 14 日，威廉·布兰迪海军少将率领由 6 艘战列舰、12 艘护航航母、5 艘巡洋舰、16 艘驱逐舰组成的火力支援编队离开塞班岛前往硫磺岛。

2 月 15 日，美海军部长福雷斯特尔在尼米兹陪同下到达塞班岛，听取有关硫磺岛战役的汇报，并视察战役准备。大病初愈的登陆编队司令特纳，人称"短吻鳄"，汇报原计划对硫磺岛进行 10 天的炮火准备，因为军舰无法携带 10 天炮击的弹药，只能进行 3 天的炮击，但特纳表示对面积仅 20 平方公里的小岛进行 3 天的炮击已经足够，炮火未能摧毁的防御将由登陆部队来完成。

2 月 16 日清晨，布兰迪的火力支援编队到达硫磺岛海域，开始实施预先火力准备。所有战列舰、巡洋舰都被划分了地段，对已查明的目标逐一摧毁。为确保炮击的准确，有几艘战列舰甚至在距岸边仅 3,000 米处对目标进行直接瞄准射击。美国舰队把事先侦察清楚的目标都在地图上标明了，每摧毁一个就划去一个，新发现的目标就加到控制图上。由于天气不佳，岛上又是硝烟弥漫，预定的 750 个目标只摧毁了 17 个，炮击效果很不尽如人意。日军只以部分中小口径火炮进行反击，击伤战列舰、巡洋舰各一艘，大口径火炮出于隐蔽考虑，一炮未发，以免暴露目标。

2 月 17 日，美军水下爆破队在 12 艘登陆炮艇的掩护下探测海滩礁脉的航道，并清除水下的水雷和障碍物，栗林以为美军登陆在即，下令大口径火炮开火，将 12 艘登陆炮艇击沉 9 艘，击伤 3 艘，艇员阵亡、失踪 44 人，伤 152 人。美军大为震惊，岛上的日军竟然还有如此猛烈的火力，立即对这些刚暴露出的目标进行轰击。

从 16 日至 18 日的 3 天里，美军除了舰炮火力外，护航航母的舰载机也全力出击，有的进行空中掩护；有的进行反潜警戒；有的观测校正弹着；有的向日军阵地投掷燃烧弹，烧掉日军阵地的伪装，使之暴露出来，以便于舰炮将其消灭。而塞班岛的轰炸机也频频前来助战，对硫磺岛进行轰炸。这 3 天中，硫磺岛几乎完全被美军火力轰击的硝烟所淹没，日军只得龟缩在坑道里无法活动。据统计，美军在登陆前共消耗炮弹、炸弹 2.4 余吨，硫磺岛上平均每平方公里承受了 1,200 吨，但日军凭借坚固的地下工事，损失轻微。

1945 年 2 月 19 日 6 时，特纳率领的登陆编队到达硫磺岛海域，斯普鲁恩斯和米切尔指挥的航母编队也到达硫磺岛西北海域，此时，硫磺岛出现了少有的晴朗天气，天高云薄，微风轻拂。

6 时 40 分，美军舰炮支援编队的 7 艘战列舰、4 艘重巡洋舰和 13 艘驱逐舰开始直接火力准备，航母编队一边担负空中掩护，一边出动舰载机参加对硫磺岛的航空火力准备。这次火力准备，时间虽短，但因为天气晴朗，目标清晰可见，效果比较理想。

登陆部队海军陆战队 3 个师，以陆战第 4、第 5 师为一梯队，陆战 3 师为预备队，在直接火力准备的同时，第一批登陆部队 8 个营完成了换乘。

登陆滩头在硫磺岛的东海滩，从折钵山山脚下沿海岸向东北延伸，总长 3,150 米，从南到北依次每 450 米划分为一个登陆滩头，代号分别是绿一、红一、红二、黄一、黄二、蓝一、蓝二。陆战 5 师在南端的 3 个滩头登陆，穿越岛的最狭窄部，孤立或攻占岛南的折钵山，陆战 4 师则在北面的 4 个滩头登陆，攻击一号机场。

8 时 30 分，第一波 68 辆履带登陆车离开出发点，向滩头冲击。

8时59分，舰炮火力开始延伸射击。

9时整，部队准时开始登陆，一开始非常顺利，日军的抵抗十分微弱，只有迫击炮和轻武器的零星射击，美军遇到的最大阻碍是岸滩上的火山灰，由于岸滩全是火山灰堆积而成，土质松软异常，履带登陆车全部陷在火山灰中，难以前进，后面的登陆艇一波接一波驶上岸，却被这些无法动弹的履带登陆车阻挡，根本无法抢滩登陆，艇上的登陆兵只好涉水上岸。见日军只有零星的轻武器射击，特纳甚至认为照此发展，只需5天就可占领全岛。但好景不长，登陆的美军才推进了200余米，日军等美军炮火开始延伸，栗林就下令从坑道进入阵地，根据事先早已测算好的数据，日军炮火准确覆盖了登陆滩头，一时间，美军被完全压制在滩头，伤亡惨重，前进受阻。

陆战5师因为比陆战4师晚了大约20分钟遭到炮击，而且炮火相对比陆战4师遭受得要弱，所以先头的28团1营得以利用这一机会，穿越岛的最狭窄部，切断了折钵山与其他地区日军的联系，二营则随后向折钵山发起了攻击。陆战4师在日军猛烈炮火阻击下，几乎寸步难行。就在这样的危急时刻，美军的舰炮火力给了登陆部队以非常有力的支援，此次登陆，美军登陆部队每个营都配有舰炮火力控制组，能够及时召唤舰炮火力的支援，而空中的校射飞机也发挥了巨大作用，准确测定日军炮火位置引导舰炮将其消灭，可以说，在太平洋战争历次登陆战中，舰炮火力支援从没有像硫磺岛登陆战那样有效，在舰炮火力的大力支援下，美军登陆部队艰难向前推进，全天美军共消耗127毫米以上口径舰炮炮弹38,550发，火力支援之强，史无前例。

9时30分，美军的坦克上岸，随即引导并掩护登陆部队攻击前进。本该发挥巨大作用的坦克，大都陷入火山灰，动弹不得，少数几辆也行动蹒跚，很快就成为日军反坦克炮的目标，被一一击毁。美军只能依靠士兵用炸药包和火焰喷射器，一步一步向前推进，而每一步都要付出惨重的代价。

10时30分，美军已有8个步兵营和1个坦克营上岸，正竭力扩展登陆场。

11时，风向转为东南，风力逐渐加大，给美军的登陆带来了很不利的影响，这时各团的预备队营正在登陆，许多登陆艇被强劲的阵风吹得失去控制，甚至倾覆，再加上日军炮火的轰击，滩头上到处都是损坏的登陆艇，而后续的物资和人员仍在按计划源源不断上岸，整个海滩一片混乱。但这样混乱的场景因尘土飞扬，硝烟弥漫，海面上的军舰根本看不清楚，特纳向尼米兹报告登陆部队几乎没遇到抵抗，伤亡轻微。

12时许，美军陆战4师23团才前进了450米，接着继续在火力支援下攻击前进，直到14时，才攻到一号机场。而4师的另一个团25团则被日军在蓝二滩东北的一个小艇专用港边

▲ 美军登陆后遭到日军的顽强抵抗。

悬崖上的大量永备发射点所阻，伤亡严重，却毫无进展，为摧毁这些永备发射点，美军使用了一种新的引导舰炮射击法：先以登陆艇向目标发射曳光弹，巡洋舰再根据曳光弹的弹着射击，效果极佳，到黄昏时分，终于消除了这些火力点的威胁，但25团在登陆当天几乎没有进展。陆战5师情况稍好，28团已割裂折钵山与其他地区日军的联系，将其包围起来；27团在海滩上被困40分钟之后，终于取得了突破，推进到了一号机场南端。

日落时，美军已有6个步兵团、6个炮兵营和2个坦克营共约3万人上岸，占领了宽约3,600米，纵深从650米到1,000米不等的登陆场，全天有566人阵亡，1,858人负伤，伤亡总数约占登陆总人数的8%。就第一天的战况而言，还不算太糟糕，但随后的战斗将更为艰巨。

天黑后，美军害怕日军发动大规模夜袭，海面上的军舰几乎不间断地向岛上发射照明弹，将黑夜照得如同白昼。出乎意料的是，日军通常在登陆的当天夜间发动的袭击根本没有发生，除了一些小股日军的袭扰外，太平无事。这是因为栗林深知自己的实力，坚决不采取自杀性的冲锋。度过了第一个平安的夜晚后，迎接美军的将是更为残酷的战斗。

No.6 升起星条旗

2月20日，从凌晨开始，美军舰炮就根据登陆部队的要求进行火力准备。8时30分，美军登陆部队发起了进攻，陆战4师在舰炮和坦克支援下，攻占了一号机场，并切断了岛南日军与元山之间的联系。机场刚刚被攻占，工兵就开始全力抢修，以便能尽快投入使用。陆战5师向折钵山攻击，由于日军很多工事都建在舰炮火力无法射击到的岩洞中，在坦克到来前，28团几乎无法前进，最后在坦克掩护下，以手榴弹、炸药包、火焰喷射器逐一消灭岩洞中的日军，有时甚至出动推土机将洞口封闭，因此进展极为缓慢，直到黄昏，才总共前进了180米。

2月21日，岛上的激战仍在继续，进展十分有限。海滩勤务大队经过不懈的努力，解决了滩头的混乱局面，天气却愈加恶劣，海上风大浪高，严重影响了补给品的卸载。由于岛上的部队伤亡较大，作为预备队的陆战3师21团奉命上岛投入战斗。

2月22日，因大雨美军登陆部队被迫停止进攻，抓紧进行战地休整。由于3天来，美军在硫磺岛上阵亡、失踪人数已达1,204人，负伤4,108人，美国国内的新闻界甚至强烈要求"让陆战队喘口气——给日本人放毒气"。诚然，对付隐藏在坑道或岩洞中的日军，毒气既实用，又比火焰喷射器更为"仁慈"，尽管美、日两国都没有签署严禁使用毒气的《日内瓦公约》，但罗斯福总统和尼米兹都不愿违反公约，战后尼米兹承认，没有使用毒气完全是出于道义的考虑，结果使大量优秀的陆战队员付出了生命。

2月23日，美军陆战4师以二号机场为目标发起总攻，但在日军永备发射点、坑道、地堡和岩洞工事组成的防线前，推进极为缓慢，简直像蜗牛爬行。全天，只有右翼前进了约300米，左翼和中间几乎毫无进展。

这天唯一的战果是在折钵山，美军因其不断喷发烟雾，称其为"热岩"。日军几乎将整座山掏空，修筑有数以千计的火力点，尤其是山顶的观察哨，居高临下俯瞰整个东海岸，能准确指引、校正纵深炮火的射击，对于美军威胁极大。经4天血战，10时20分，陆战5师28团由哈罗得·希勒中尉率领的40人组成的小分队，终于攻上了折钵山山顶，升起了一面美国国旗。尽管折钵山上，仍有近千日军凭借着坑道和岩洞工事拼死抵抗。4小时后，希勒的士兵又插起了一面更大的星条旗，美联社记者乔·罗森塔尔将插旗时的情景拍摄下来，这张照片随即广为流传，成为胜利的象征。后来太平洋战区总部还专门查询插旗的陆战队员姓名和家庭地址，进行表彰。刚赶到硫磺岛视察的美国海军部长福雷斯特尔和第5两栖军军长史密斯注视着在折钵山山顶飘扬的国旗，非常激动，福雷斯特总结到："折钵山升起的国旗意味着海军陆战队从此后五百年的荣誉！"海面上军舰上的水兵看到这面象征胜利的旗帜，欢声雷动！——特纳将陆战5师28团留在折钵山，负责肃清山上的日军，而5师的另两个团则调到北部，协同4师攻击元山地区的日军。

同日，美军的航母编队在硫磺岛以东海域与海上勤务大队会合，接受海上补给，当晚再次向日本本土进发，以压制日军可能对硫磺岛的支援。

2月24日，战斗殊为激烈，陆战3师21团在海空火力的大力支援下，由坦克开道，终于突破了日军在二号机场南侧的防线，推进730米，拔除了日军近800个碉堡，日军随即发动了一次逆袭，21团猝不及防，一度被迫后退，随后在舰炮支援下拼死反击，才将阵地巩固。很快美军就发现，随着逐渐升高的地形，日军构筑了密如蚁穴的地堡和纵横交错的坑道网，凭借着这些工事抵抗是越来越顽强。至当天，美军伤亡总数已达6,000人，其中阵亡1,600人，面对如此惨重的伤亡，美军将作为预备队的陆战3师师部和陆战第9团、野战炮兵第12团送上岛，投入战斗。

2月25日，3个陆战师在硫磺岛并肩开始攻击，4师在右，3师居中，5师在左，并列向东北推进。

同一天拂晓，美军的航母编队到达距东京东南190海里海域，出动舰载机对东京地区的日军机场和飞机制造厂进行空袭，和第一次空袭一样，因为天气恶劣，轰炸效果并不理想，

▲ 美军在折钵山顶树立起美国国旗。

米切尔随后指挥航母编队转向西南，前去突击冲绳岛。于3月1日对冲绳首府那霸进行了空袭，同时对冲绳岛、庆良间列岛和奄美大岛等地进行了航空摄影，为即将开始的冲绳战役提供资料。航母编队最后于3月4日返回了乌利西。

3月1日，美军经过激烈的鏖战，终于攻占了二号机场和元山村。

No.7 绞肉机

硫磺岛上的美军每前进一步，都要付出巨大的代价，战斗已经成为不折不扣的消耗，有时一整天只前进4米，惨重的伤亡甚至使军官们都没有勇气再将士兵投入战斗。在对岛上第二制高点382高地的争夺中，陆战4师屡屡陷入日军交叉火网，伤亡极其惨重，382高地因此被称为"绞肉机"，战斗部队的伤亡高达50%以上，有经验的连、排长和军士长伤亡殆尽，许多连队连长由少尉或上士担任，而排、班长大都由普通士兵担任。美军必须逐一消灭侧翼的日军阵地，解除侧翼威胁，才有可能向前推进，所以战斗异常残酷、激烈，直到3月2日，24团才攻上了高地，但所付出的伤亡是巨大的，有好几个连的官兵非死即伤，几乎全连覆没。

左翼的5师，攻击362高地的遭遇与4师在382高地如出一辙：刚攻上山头，侧翼日军立即以密集火力封锁美军的退路，再以纵深火力和凶猛的反击将攻上高地的美军尽数消灭，美军死伤枕藉，却毫无收获，只得先消灭最突出部的日军阵地，再步步为营艰难向前推进。日军早已掌握了美军的攻击程序，先是航空火力准备，再是舰炮火力轰击，接着是地面炮火射击，最后才是步兵冲击，所以日军总在坑道里躲过美军的炮火，再进入阵地迎击步兵的进攻，一次又一次粉碎了美军的攻势。

美军饱尝失利的苦果，终于痛定思痛，改变战术，3月7日拂晓，美军没进行任何炮火准备，借助黎明前的黑夜，悄然接近日军阵地，突然发起冲击，打了日军一个措手不及，一举攻占了362高地。

陆战队员的巨大牺牲并没有白费，3月3日，就有一架C—47运输机在硫磺岛的一号机场降落。次日一架在空袭日本本土时受伤的B—29在硫磺岛紧急降落，硫磺岛的价值已经开始得到了体现。

3月7日，美军发动总攻，担负中央突破的陆战3师势如破竹，进展神速，遇到难以克服的日军阵地就设法绕过去，继续向前推进，尽管给后续的陆战4师、5师留下不少"钉子"，但3师突破了日军的防线，并于两天后攻到了西海岸，占据了一段约800米长的海岸，将日军分割为两部分。

陆战3师21团1营最先杀到西海岸，作为战绩的证据，营长在一个军用水壶里装满了海水，贴上："只供检验不得饮用"的标签，派人送给师长厄金斯少将。

3月9日美军占领了尚未完工的三号机场。栗林得知美军突破了防线将日军一分为二时，立即组织部队进行反击，他深知美军火力强，正面进攻难以奏效，所以进行的是夜间渗透反击。他命令部队尽可能穿越美军的防线，渗透到美军后方重新打通两翼联系。美军发现了日军的行动，发射的照明弹将黑夜照得如同白昼，许多日军越过了美军的前沿防线，有的甚至渗透距离达1,600米，但美军预备队和后方勤务人员，依托工事顽强抗击，给予反击日军重大杀伤。天亮时，日军的反击被彻底粉碎，伤亡至少1,000人，徒劳无功，反而损失了大量有生力量，给以后的作战带来极为不利的影响。

3月10日，陆战3师将日军防线截为两段后，随即开始向两面扩张战果，9团向东，21团向西，分别策应陆战4师、5师的攻击。尽管日军的防御态势已经相当不利，但日军仍依托工事死战不退，尤其是陆战5师面对的是由栗林直接指挥的部队，遭到的抵抗更为激烈，陆战5师的伤亡超过75%，许多部队失去了战斗力，师部的文书、司机甚至炊事员等勤杂人员都投入了战斗。3师、4师的伤亡也很严重，鉴于这种情况，陆战4师师长克利夫顿·凯兹少将向栗林和硫磺岛日军中战斗力最强的第145联队队长池田大佐发出劝降信，信中首先向他们的无畏精神和英勇作战表示了敬意，然后说明了目前无法取胜的处境，要求他们指挥所属部队停止抵抗，美军将保证投降日军根据《日内瓦公约》受到人道待遇。但劝降信如同石沉大海，没有回音。

3月16日，东北部的800余日军被歼灭，美军于当日18时宣布占领硫磺岛，但战斗仍在继续，栗林指挥残部依然在抵抗，有时战斗还相当激烈。陆战3师师长厄金斯少将找到两名日军战俘，给了他们很多干粮，还配备了一部最新式的报话机，然后让他们给栗林和池田带去劝降信。这两名战俘将劝降信设法交给了池田大佐的传令兵，但到了规定的时间期限，日军仍未投降，这两战俘为美军的人道主义待遇所感动，竟留在日军防线里，通过报话机为美军炮火指引目标，一直到18日才返回美军战线。

3月21日，日本天皇晋升栗林为大将军衔，以表彰他的英勇作战。

从16日美军宣布占领硫磺岛后又经过整整一周的激战，24日美军才将残余的日军压缩在岛北部约2,100平方米的狭小范围里。栗林于当晚焚毁了军旗，发出了最后的诀别电报，然后销毁密码，准备实施最后的决死反击。

3月25日，栗林派人设法通知岛上每一个人，于夜间携带武器在三号机场附近的山区集合。

3月26日凌晨，栗林亲自率领约350名日军向二号机场的美军发起了最后反击，许多美

▲ 美军机枪手向日军阵地射击。

军在睡梦中被杀。天亮后，美军组织扫荡，四处追杀这股残余日军，激战 3 小时，将这股日军大部歼灭，日军仅遗留在美军阵地前的尸体就有 250 具，栗林负伤后切腹自杀，美军伤亡172 人。美军于当天 8 时宣布硫磺岛战役结束，但清剿残余日军的战斗一直持续到 4 月底。

No.8 特攻作战

硫磺岛的守备部队在殊死抵抗的同时，日本海军联合舰队因主力水面舰只在菲律宾莱特湾海战中损失殆尽，残余军舰燃料不足也无力组织救援，所以能够出动增援的就只有岸基航空兵和潜艇部队了。但岸基航空兵的第 1、第 2 航空舰队基本丧失了战斗力，第 3 航空舰队还在训练中，准备在本土保卫战中使用，因此，日军大本营决定尽量避免损失，只以少量飞机和潜艇实施"特攻作战"，以最小代价换取最大战果。

2 月 19 日，日军在香取基地成立了以自杀飞机为主体的"第二御盾特别攻击队"，专门担负特攻使命。

2月21日，这支特攻队转场至八丈岛，于中午加油完毕，分批出击。17时许，第一攻击波的6架自杀飞机飞临硫磺岛西北35海里，美军正准备执行夜间空中巡逻任务的"萨拉托加"号航母上空，日机随即展开攻击，有4架被击落，另2架接连撞上这艘航母，使该舰受伤起火，所幸伤势不重。18时50分，"萨拉托加"号的水兵刚把舰上的大火扑灭，日军第二攻击波5架自杀飞机就接踵而至，前4架均被击落，第5架虽被击伤，仍一头撞上"萨拉托加"号，在航母甲板上翻滚着落入海中，给母舰造成了多处创伤，被毁飞机42架，舰员阵亡123人，伤192人。只是因为舰上损管人员抢修得力才幸免沉没，但终因伤势太重而奉命撤出战场，随即回国进坞大修，直到战争结束再未能参战。

与此同时，日军的自杀飞机还攻击了硫磺岛以东的美舰，一架日机撞上了"俾斯麦海"号护航航母的后升降机，并在机库里爆炸，立即引爆了机库里的飞机，大火迅速蔓延，很快波及到了弹药舱，引发了大爆炸，舰长见无法挽回，只得下令弃舰。该舰燃烧了足足3小时，才沉入海中。舰上水兵伤亡约350人。被日军自杀飞机击伤的还有"隆加角"号护航航母、477号和809号坦克登陆舰、"基厄卡克"号运输船。

日军除组织自杀飞机的攻击外，还以潜艇实施特攻作战。2月19日，日军以伊－368、伊－370、伊－44各携带5条、5条和4条人操鱼雷，组成代号为"千草"的特攻队，于2月20日、21日、22日分别从濑户内海的大津岛潜艇基地出发，前往攻击硫磺岛海域的美军舰队。

2月23日，又命令16日从吴港出发，原定前往琉球群岛活动的吕－43号潜艇改往硫磺岛攻击美舰。

2月26日，到达硫磺岛海域的伊－368号和吕－43号被美军舰载机击沉，伊－368号则被美军的驱逐舰击沉。伊－44号多次向美舰接近，都受到美军反潜舰只的有力压制，无法占据人操鱼雷的出发阵位，只好返航，回日本后艇长因未完成任务而被撤职。

2月28日，日军又以伊－58号和伊－36号潜艇各携带4条人操鱼雷组成代号为"神武"的特攻队，分别于3月1日和2日从吴港出发，但到了3月6日，日军统帅部见硫磺岛大势已去，这才命令在硫磺岛海域活动的潜艇全部撤出。

硫磺岛战役号称太平洋战场的"绞肉机"，是二战中最残酷的战役之一。整个硫磺岛战役，美军海空火力相当猛烈，从登陆前的火力准备直到战役结束，总共消耗弹药近5万吨，几乎硫磺岛上每平方米的土地都承受了近2,000吨的弹药！即便在如此猛烈的火力支援下，美军推进仍举步维艰，面对日军苦心经营的坚固工事，很多时候飞机轰炸、舰炮轰击甚至坦克开道都毫无作用，全靠陆战队员用火焰喷射器、手榴弹、炸药包一步一步攻击前进，付出了巨大代价。此役中，日军守备部队阵亡 22,305 人，被俘 1,083 人，共计 23,388 人。日军其他损失为飞机 90 余架，潜艇 3 艘。美军从 2 月 19 日至 3 月 26 日，阵亡 6,821 人（其中陆战队阵亡 5,324 人），伤 21,865 人，伤亡共计 28,686 人。美日双方伤亡比为 1.23：1。美军登陆部队伤亡人数占总人数的 30%，陆战 3 师的战斗部队伤亡 60%，而陆战 4 师、5 师战斗部队的伤亡更是高达 75%，第 5 两栖军几乎失去了战斗力。战后，尼米兹对参加过硫磺岛战役的陆战队员给予了高度的赞扬："在硫磺岛作战的美国人，非凡的勇敢是他们共同的特点！"美军还有一艘护航航母被击沉，航母、登陆兵运输舰、快速运输舰、中型登陆舰、扫雷舰、运输船各一艘、坦克登陆舰两艘被击伤。

美军为攻占硫磺岛所付出的人员伤亡比日军还多，这是太平洋战争中，登陆一方的伤亡超过抗登陆方的唯一战例。远征部队总指挥史密斯中将说："这是迄今为止最艰苦的一仗。"日军在失去海空支援，又没有增援补给的情况下，以地面部队凭借坚固而隐蔽的工事，采取正确的战术，进行了顽强的抵抗，使美军原计划 5 天攻占的弹丸小岛，足足打了 36 天，并付出了惨重的人员伤亡。美军在此次作战中唯一闪光之处就是舰炮支援比较得力，共发射各种口径炮弹 30 余万，计 1.4 万吨，取得了较好的效果，有力支援了登陆部队的作战。

▼ 激战过后的硫磺岛战场。

但美军付出的巨大代价很快就得到回报，当美军登陆后，工兵部队就上岛抢修扩建机场，至 4 月 20 日，上岛的工兵部队已有 7,600 人，将一号机场跑道扩建为 3,000 米，二号机场的跑道扩建为 2,100 米，不仅进驻了战斗机部队，还成为美军 B－29 轰炸机的应急备降机场。美军战斗机部队进驻硫磺岛后，其作战半径就覆盖了日本本土，能有效掩护轰炸机对日本本土的战略轰炸，使对日轰炸愈加频繁和激烈，并将轰炸效果提高了一倍以上，大大加速了日本的崩溃。硫磺岛上应急备降场至战争结束，累计共有 2.4 万架次受伤或耗尽燃料的 B－29 在此紧急降落，从而挽救了这些飞机上 2.7 万名空勤人员的生命。

硫磺岛，不仅使美军获得了轰炸日本本土的重要基地，还打开了直接攻击日本本土的通道。而美军在硫磺岛的惨重伤亡，也使美军的高层意识到如果进攻日本本土，一定会遇到比在硫磺岛更顽强的抵抗，美军的伤亡将会更惨重，因此，日后美国对日本使用原子弹，很大程度其实是出于担心登陆日本本土将会遭到硫磺岛那样的巨大伤亡。

日军在硫磺岛这种几乎被完全孤立的岛屿上进行的抗登陆战，以两万之众，依托工事抗击了 10 万美军整整一个月之久，若非后来日军储备的弹药、物资消耗殆尽，美军的胜利怕还没有这么迅速。栗林也因为以其谋略高明、意志坚韧，领导并组织了硫磺岛的抗登陆战，赢得了美军对他的尊敬。美军此役的指挥官斯普鲁恩斯、米切尔、特纳和史密斯都是在太平洋战争中骁勇善战的名将，参战部队是 3 个师的海军陆战队。要知道海军陆战队不仅接受过严格系统的登陆战训练，且战斗力之强、战斗作风之强悍，战斗意志之顽强在美军中都是首屈一指的，美军的武器、火力上的优势更是不言而喻。日军面对这样的精兵强将，如此密集猛烈的火力，孤军奋战，硫磺岛战役也因此成为登陆与抗登陆的经典战例，备受瞩目与研究。

No.9 四枚国会勋章

硫磺岛战役，美军伤亡之惨重，战况之惨烈为太平洋战场所罕有！参战官兵也在如此惨烈的战斗中以自身的英勇赢得了殊荣，此役陆战队官兵获得的各级各类勋章是历次战役之最，连美国最高荣誉勋章——国会勋章都有 4 位获得者，更是前所未有！

下面就来谈谈在此次战役中几位战士的英勇事迹。

托尼·史丁（TOWYSTEIN）

史丁 1921 年 9 月出生在俄亥俄州戴顿镇，他的教名是安东尼·迈克尔·史丁，但他更喜欢托尼·史丁这一名字。相貌堂堂的史丁，只读到九年级（相当于初三）就辍学打工，做过建筑工人和车工。他不喜欢读书，却爱好拳击，曾在1942年2月夺得过业余金手套拳击冠军。珍珠港事件后一心想参军报国，却直到1942年9月才如愿加入海军。在圣地亚哥新兵训练营，他志愿参加了海军陆战队空降突击队，接受了非常严格的军事训练。后来随海军突击营在瓜达卡纳尔、布干维尔岛等地作战。在布干维尔岛战斗中他一次就击毙了5名日军狙击手，赢得了"日军狙击手的猎人"的赞誉。1944年初拉维尔岛战斗结束后，海军突击营解散，史丁回国休假后，调往海军陆战队第5师加利福尼亚潘德雷顿基地，并被提升为下士班长。1944年7月他新婚才3天就告别爱妻，随陆战5师再次前往太平洋战场。在夏威夷进行临战训练时，他充分发挥当车工时的技术技能，把被毁坏的舰载机上的大口径机枪拆下来，改装成能单手击发的枪，并给这支自制枪起名"利刺"，然后，他就带着"利刺"来到了硫磺岛。

在硫磺岛上，史丁带着他的班投入了战斗，他以弹药箱为依托，用"利刺"的强劲火力有力掩护了部队的推进，他凭借着准确而猛烈的射击，接连摧毁了9个日军火力点。正是由于长时间的猛烈射击，"利刺"的弹药消耗极大，他不得不8次返回海滩补充弹药。为了能在

▼ 硫磺岛战役经典照片。

松软的火山灰上快速奔跑，他扯掉笨重的靴子，扔掉钢盔，途中还几次冒着炮火把伤员背到海滩的战地救护点。在第9次返回海滩时，一发日军炮弹在他身边爆炸，一块弹片深深地扎进了他的肩头，连长命令他回到海滩战地救护点进行包扎，然后撤离战场。但他拒绝了，仍带伤坚持战斗，整个白天一直战斗在最前线，摧毁了多个日军火力点。夜幕降临后，他所在的排因推进太深而过于突出，不得不稍稍后退，以保持战线的平整。在后撤中史丁又担负了垫后的艰巨使命，掩护战友们在日军火力下安全后撤。他的"利刺"两次被日军子弹击中，他又两次捡起来继续射击。午夜前后，史丁终于接受连长的命令撤出战场，他被送上接运伤员的登陆艇撤至海上的救护船。通常情况下，他在这次战斗中的任务已经结束了，但当史丁得知硫磺岛上的战友死伤惨重的消息后，他毅然重返硫磺岛。

3月1日，史丁所在的A连在362高地前进受阻，日军密集的火力简直如同下雨一般，全连被压制在高地下动弹不得，每一次前进的企图都被日军构筑在反斜面上火力点的猛烈射击所粉碎。史丁自告奋勇前去侦察，以便发现日军防线的薄弱之处，为连队的前进创造条件。他带着19名志愿者组成的小分队迎着日军的弹雨冲了上去，他们从一个弹坑跳到另一个弹坑，就这样一寸寸前进，终于为连队找到了突破点，可是在9名生还者中没有史丁，他倒在了前进的道路上。

1946年2月，托尼·史丁被追授美国最高荣誉勋章——国会勋章，他的家人应邀出席仪式。在仪式上，他的母亲这样评价儿子："托尼一直在英勇战斗，他想看看自己是否能做到，那就是他加入海军的原因，他确实做到了！"

唐纳德·J·鲁尔（DONALD.J.RUHL）

陆战5师28团2营E连战士，1923年出生在蒙大拿州简雷特镇，是个放牧的小牛仔，入伍后就一直以爱发牢骚出名，加上他古怪的生活方式，在排里很不讨人喜欢，但是他并不在意，他希望在战场上证明自己。

E连作为2营的预备队，是第9批上岸的部队。登上硫磺岛后，由于是预备队，一直没有领受到作战任务，只在海滩上挖工事，远远注视着前方的战斗。等待没有持续多久，傍晚5时，E连就接到投入战斗的命令。前进了没多少时间，暮色渐浓，考虑到夜战是日军所长，所以E连在一个巨大的山丘边停止前进，修筑工事准备宿营。安顿好士兵之后，排长带着鲁尔前去侦察附近情况。他俩悄悄地向前搜索，突然在一个隐蔽得非常巧妙的地方，出现了一扇笨重的大门，里面竟是一门向海滩射击的火炮！原来是个日军的隐蔽火力点！鲁尔冲了上去，向门里猛投手榴弹，在猛烈的爆炸中，一群日军从火力点里冲了出来夺路而逃，鲁尔举枪就射，一连击毙了 8 名日军，当第 9 名日军冲出来时，鲁尔一跃而起，用刺刀结果了他！

第二天一早，鲁尔便冒着日军猛烈的炮火独自到防线前方寻找失散的战友，接着又在日军弹雨下和另一位战友合力将一位伤员抬到 300 米外的后方包扎所。回到战线后，鲁尔又自告奋勇侦察前方一个日军遗弃的机枪火力点。他借着夜色的掩护，不顾日军可能重新返回的危险，独自活动了整整一个晚上，以免部队第二天前进时误入险境！——他的勇敢赢得了人们的尊敬！

2 月 21 日黎明，28 团 3 个营同时开始进攻，在飞机和军舰猛烈炮火轰击掩护下，部队开始冲击，鲁尔、汉森和威尔士三人作为 E 连的尖兵冲在最前面，亲眼看到美军的炮弹击中了日军的弹药库，引起了巨大的爆炸，感受到了令人窒息的气浪。但当他们冲上前的时候，弹药库的废墟里居然还有不少日军活着，鲁尔和汉森随即与日军展开激烈的对射，而威尔士则准备从旁边迂回，就在这时，日军一枚手榴弹嗖地飞了过来，鲁尔一边高喊"小心！"一边就扑了上去，用身体压住了这枚冒烟的手榴弹！只听得轰的一声，手榴弹就在他胸前炸开，爆炸的气浪竟穿过他的身体，激起一片血雾！胸膛被炸开了一个大洞，鲜血泊泊直流，汉森一把将他拖到附近的安全处，准备急救，可是鲁尔已经停止了呼吸！鲁尔为了掩护两位战友义无反顾地献出了自己的生命！

1947 年 1 月 12 日，唐纳德·J·鲁尔被追授国会勋章。

杰克林·H·卢卡斯 （JACKLYN.H.LUCAS）

1942 年北卡罗来纳州佩尔莫斯镇的征兵点，90 公斤重 1.7 米高，谁也看不出如此身强力壮的卢卡斯只有 14 岁。他一心报国，伪造了母亲的签名，谎称自己 17 岁应征入伍。

性情直率、笑容可掬的卢卡斯在新兵训练营里颇得人缘，但是对于被分配在夏威夷作为后方守备部队，十分不满。因他一心想要上前线，这种不安分让他惹了不少祸，甚至有一次酒醉之后殴打两名宪兵，被判了整整一个月的禁闭！

1945 年 1 月底，卢卡斯在码头上遇到了在陆战 5 师第 26 团第 1 营服役的表兄，此时 26 团正在上船，准备参加硫磺岛战役。乘着部队上船时的混乱，卢卡斯没有遇到任何阻挠就轻而易举地混上了船，表兄和战友们将他藏在装备中间，定时给他送食物。直到几天后，已不可能被送回夏威夷，卢卡斯才向 C 连连长罗伯特·邓莱甫上尉坦白，邓莱甫上尉赦免了他的"背叛"行为，同意他加入 C 连，并为他配发了装备和步枪。而此时夏威夷则将卢卡斯列为逃兵。

◀ 美军士兵救助受伤的战友。

　　登上硫磺岛后，卢卡斯很快就在战斗中证明自己是个好战士，他的表现根本不像个初上战场的"菜鸟"，而更像个老兵，因此行军时他常担任尖兵，走在连队的最前面。

　　战斗中，他和 3 位战友突然与日军遭遇。双方距离只有几米，卢卡斯眼疾手快开了枪，并清楚地看到子弹打进一名日军的脑袋，鲜血喷溅而出！他正要继续射击，步枪却卡了壳，一枚手榴弹飞到了他面前，卢卡斯一面高声警告战友小心，一面用步枪奋力将手榴弹拨到旁边！但是第二枚、第三枚手榴弹又接踵而至，卢卡斯心中一凉，这下难逃一死了！他声嘶力竭的绝望叫声竟然压过了爆炸的巨响！他被爆炸高高地抛向空中，然后重重落地，鲜血从口中喷出，浑身是伤，动弹不得。他的战友们都以为他死了，愤怒地迅速消灭了日军之后，却惊奇地发现他还活着，而且神志清醒！于是迅速将他送到海滩。

　　在"萨马瑞顿"号救护船上，军医们为他受了这样重的伤而没有死去极感震惊！军医实施了 22 次手术，才将他从死神手中夺回，但是他成了残废，而且在身上还留着近 200 块弹片！

8个月后，他在白宫接受了杜鲁门总统颁发的国会勋章。

1945年10月5日，海军部长詹姆斯·弗瑞斯特接见了他，向他表示感谢！他夏威夷的老部队也原谅了他的鲁莽行动，毕竟在战争中，再没有比获得国会勋章更光荣的事了！

威廉姆·哈里尔（WILLIAM.HAPPELL）

哈里尔1922年6月26日出生于南得克萨斯州麦卡德镇，1942年参军，在加利福尼亚州海军陆战队训练营完成了装甲兵课程，表现良好。随后被分配到陆战5师第28团1营A连，1944年2月升任下士班长，1945年2月硫磺岛战役前夕，已经升为军士了。

3月2日晚，哈里尔和卡特受连长指派担任连队的侦察兵。当晚正下着淅淅沥沥的小雨，岛上满地的火山灰被雨水打湿，黏黏糊糊，走起来泥泞难行。哈里尔和卡特轮换着一人休息，一人警戒，小心翼翼地监视着战线边缘。当卡特警戒时，他发现前方有可疑身影，于是他轻轻推醒哈里尔，两人一起朝可疑目标猛烈开火，接连击倒几个黑影。战斗平息后，卡特子弹也用完了，便返回阵地去补充弹药，留下哈里尔一人警戒。忽然，他又发现前方有人影晃动，便迅速扔出手榴弹，接着猛烈扫射，当弹匣里的子弹打完，正要换弹匣，日军一枚手榴弹咻咻响着落在他身边，哈里尔伸手准备拣起来扔回去，他刚抓起手榴弹就听"轰"的一声巨响，手榴弹在他的手里爆炸了！左手顿时被炸得不成样子，只有一点点残肢还连在腕关节上，左腿也被弹片击伤，他立刻昏倒在散兵坑里。

几分钟后，卡特回到散兵坑里，此时哈里尔已经苏醒过来，正用右手摸索自己的M－1步枪。"怎么了？"卡特问道，"我被手榴弹击中了！"哈里尔回答到。卡特正要过来相助，只见两名日军从山谷中冲了出来，一人手里高举着武士刀，另一个则握着已经拉着火的手榴弹！卡特向手持军刀的日军开火，可惜没有击中，眼看日军已经扑到跟前，卡特便端起上了刺刀的步枪迎了上去，一番激烈的白刃格斗后，卡特终于将日军刺倒，但日军临死前也将卡特砍伤。另一边，哈里尔强忍住伤痛，一枪击中另一名日军头部，接着他爬到卡特身边，见卡特伤势很重，几乎感觉到他生命正在一点点流逝！此时，四周炮火正密，隆隆炮声不绝于耳，密集的机枪声如爆豆般炸响，深邃的夜空中满是此起彼伏的曳光弹痕，一幅壮观的战地夜景！

哈里尔鼓励卡特："我们不会死去，必须回到阵地去！"卡特虽然不想丢下哈里尔，但别无选择。卡特对哈里尔说："等着我，我一定回来！"说着用自己几乎折断的手掌捂住胸口的伤处，踉踉跄跄地消失在夜幕中。

　　哈里尔躺在地上，重伤的手臂一阵阵剧痛，鲜血从伤口不停地流淌，他唯一的希望就是不被日军发现，坚持到卡特回来。但很不幸，他还是被日军发现了，8个身影走了过来，很明显这是日军！其中一人跳进战壕，相距很远哈里尔就可以闻到他身上的臭味，看来他已经很久没有洗澡了！还有一名日军则蹲在战壕边担任掩护，跳进战壕的日军掏出手榴弹在自己钢盔上敲开引信，然后扔到哈里尔的脚边，随后便跃出战壕——说时迟，那时快！哈里尔忍住剧痛以惊人的敏捷用完好的右手抓起冒烟的手榴弹，一把扔了回去，一声巨响，几名日军倒了下去，但哈里尔右手也被炸伤，他再次昏迷过去！

　　卡特终于回来了，还带来了一队担架兵，他们抬起重伤的哈里尔返回阵地。由于哈里尔和卡特的英勇行为，人们用美西战争中著名的以寡敌众的阿拉莫战役赞誉他俩为"两个人的阿拉莫要塞！"卡特被授予海军优异服役十字勋章，哈里尔则于1945年10月15日在白宫接受杜鲁门总统颁发的国会勋章，此时他已双臂残疾，杜鲁门将勋章别在他胸前，动情地说："这枚小小的勋章对于你为祖国所做的而言，只是一个极小的奖励，谨以此表示美国对你的感谢！"

　　哈里尔很快克服了残疾在生活上的不便，他学会了用假肢打电话、驾驶汽车甚至点雪茄，还设计了独特的方法来进行射击，因为他是那么酷爱枪支和射击。后来他成为一家慈善组织的负责人，专门接待在战争中因伤致残的退伍军人。

▼ 美军官兵为阵亡战友祈祷。

▲ 美军士兵涉水登陆。

第六章

破门——登陆冲绳岛

　　日军指挥官们在明知取胜无望的情况下，仍残忍地驱使着士兵进行盲目地抵抗，并尽力保存兵力，一寸一寸地防守着自己的阵线，尽可能地给美军造成最大的杀伤，双方的鲜血交汇在一起，染红了整个岛屿。

——前参战美军海军陆战队队员史雷兹回忆冲绳岛战
役时说

No.1 冰山行动

1945年7月16日5时30分，一个比1,000个太阳还亮的大火球在寒冷的沙漠上空升起。强光闪过之后，主持原子弹研制工作并获有美国"原子之父"之称的奥本海默悲哀地说："我成了死神，世界的毁灭者。"

14天之后的7月30日，杜鲁门总统发布命令：鉴于日本政府拒绝接受无条件投降，美军可在8月3日以后，在天气许可的条件下，立即在日本的广岛、小仓、新和长崎四城市中选择一个目标，投掷特种炸弹。1945年8月6日，代号为"小男孩"的原子弹投到了广岛。由于日本当局向人民隐瞒了美国人使用核武器的消息，加之主战派继续准备在本土决战，甚至在日本的最高决策会议上仍没有讨论广岛遭到原子弹又轰炸的问题。8月9日10时58分，代号为"胖子"的原子弹投到了长崎，两次原子弹爆炸共造成数10万日本人伤亡。美军在日本投下大量传单，称如日本再不投降，将会遭到成千上万颗原子弹的轰炸，直至彻底毁灭！

是什么原因，让战争胜利在望、日本必败之际的形势下，美军决然使用这种"死神武器"？原来此时让那些在太平洋战场上经历过枪林弹雨之后侥幸活下来的美国小伙子们和姑娘们能尽可能多地返回故乡，已成为美国人民的迫切希望。然而，美国参谋长联席会议通过比较与日本进行的一场惨烈的登陆战役的损失情况，得出的一个惊人的数字：对日军本土作战，美军将不得不付出伤亡达20万人左右的代价，美军陆军参谋长马歇尔认为甚至可能多达100万人的可怕数字。这场给美军带来强烈恐怖震撼的登陆战役就是冲绳岛登陆战役。

琉球群岛是由140多个火山岛组成，总面积约4,792平方公里，中世纪时是中国的附属国，其国王每年都向中国进贡，与中国有着密切的经济、文化交流。在日本闭关自守的年代里，是中日两国之间贸易、交往的重要桥梁，因此日本一直允许琉球独立，直到1879年才正式将其纳入日本版图。

琉球群岛又可分为三个群岛，从北到南依次是奄美群岛、冲绳群岛和先岛群岛，与台湾岛构成了一道新月形的岛链，成为日本本土在东海的天然屏障。由于地处亚热带，琉球群岛温暖的气候条件非常适合种植甘蔗和热带水果。这里常年气候温暖、空气清新，为碧绿的海水所环抱，素有"东方夏威夷"之美誉。

琉球群岛原本是中国的属地。中国史书最早把这里称为流虬，意思是该群岛漂浮于大海之上，有如虬龙。按汉语"琉"的意思是"石之有光者"，而"球"的意思是磨圆的美玉，琉球即指这一串岛屿宛如发光的美玉。1372年，明太祖朱元璋时期，琉球成为中国的藩属，后来历代琉球王都由中国中央政府册封任命。但日本明治维新后，于1875年将琉球吞并。1879年，日本正式宣布吞并这个群岛，派知事取代原来的琉球王，并把这里命名为冲绳。

▼1945 年 7 月 16 日，美国成功试爆世界上第一颗原子弹。

琉球群岛中冲绳群岛位置居中，距中国大陆、台湾和日本本土的距离分别是 360、340、340 海里，冲绳群岛由冲绳岛、庆良间列岛、伊江岛等岛屿组成，主岛冲绳岛是琉球群岛的最大岛屿，南北长约 108 公里，东西最宽处约 30 公里，最窄处仅 4 公里，面积约 1,220 平方公里。人口约 46 万，主要城市有那霸、首里和本部町。

冲绳岛北部多山地，南部则是开阔又平坦的丘陵地带，岛的东海岸有两个天然港湾，金武湾和中城湾，日军建有那霸军港，岛上还有那霸、嘉手纳、读谷和与那原 4 个机场，是日本在本土西南方向的重要海空基地。冲绳岛上有一种特别的建筑，就是圆形的家墓，用坚固的石料建成，在岛上随处可见，日军稍加改装，就成为坚固的防御工事，在后来的战斗中给美军造成了巨大的困难。冲绳岛因其在日本本土防御中的重要的战略位置，是东北亚地区东出太平洋的必经之地，对于日本而言，琉球群岛是日本本土的南部屏障，如果攻破，可进而直捣东京，被誉为日本的"国门"，因此冲绳岛登陆战就被称作"破门之战"。

海军上将尼米兹开始时考虑进攻台湾，作为进攻日本本土的前进基地。但在战役酝酿过程中，美军新任太平洋航空司令哈蒙中将始终认为，进攻台湾会直接面对日本最强烈的反扑，而进攻冲绳这一孤岛，不仅能使 B－29 飞行到达"满洲国"和日本九州，连 B－24 也可以对东京进行战略轰炸。这一看法得到了斯普鲁恩斯上将和巴克纳中将的支持。最终美军确定不进攻台湾，使冲绳岛成为美军进攻日本本土最理想的跳板。于是在菲律宾战役前夕，美国参谋长联席会议就向太平洋战区下达了于 1945 年 3 月攻占冲绳岛的指令。1945 年 1 月 3 日，美军参谋长联席会议批准了冲绳岛作战计划，2 月 9 日又批准了具体的登陆计划。

美军极为重视这次战役，调动的参战兵力几乎包括了太平洋战区所属的全部盟国陆海军。行动指挥官群星璀璨，阵容豪华。负责为登陆编队提供海空掩护的有两支：一支是美军第 5 舰队的第 58 特混编队，由米切尔中将指挥，下辖 4 个大队，共计 16 艘航母、8 艘战列舰、18 艘巡洋舰和 56 艘驱逐舰，搭载舰载机 1,300 余架；另一支是英国太平洋舰队，现属美军第 5 舰队建制，番号为第 57 特混编队，由英国海军中将罗林斯指挥，下辖 4 艘航母、2 艘战列舰、5 艘巡洋舰和 15 艘驱逐舰，搭载舰载机 150 余架。

登陆编队也称为联合远征军，由特纳中将指挥，登陆舰艇约 500 艘，护航及支援舰只有护航航母 28 艘、战列舰 10 艘、巡洋舰 14 艘、驱逐舰 74 艘、护卫舰 76 艘，舰载机约 800 架，连同后勤保障和运输船只，总共达 1,300 余艘。

地面部队主力是第 10 集团军，由巴克纳陆军中将任司令，下辖海军陆战队第 3 军和陆军第 24 军。海军陆战队第 3 军由陆战 1 师和陆战 6 师组成，军长是盖格海军少将；第 24 军由步兵第 7 师和步兵第 96 师组成，军长是霍奇陆军中将。另有 4 个师为预备队，陆战 2 师为第

10 集团军预备队，陆军第 27 师为留船预备队，陆军第 77 师先担负攻占庆良间列岛和伊江岛作战，然后作为战役预备队，陆军第 81 师则是总预备队，在新咯里尼亚岛待命。共计 10 个师，18 万人。

投入总兵力达 54.8 万人，各种舰艇 1,500 余艘，飞机 2,000 余架，战役总指挥是第 5 舰队司令斯普鲁恩斯海军上将，战役代号"冰山"，意为如此庞大的参战兵力，仅仅是冰山露出水面的一角，冰山水下部分更大规模的部队将在登陆日本本土时出现。

登陆日期最后确定为 1945 年 4 月 1 日。美军认为冲绳岛距离日本本土较近，必定会遇到日军航空兵的全力反击，尤其是自杀飞机的拼死撞击，尽管这些自杀飞机并不足以改变战役的最后结局，但不可否认对于美军的威胁是巨大的。

因此，美军计划在登陆之前，先以航空兵对日本本土、琉球群岛和台湾等地的日军航空基地进行大规模突击，以尽可能削弱其航空兵的力量。同时在登陆前一周，以陆军第 77 师在庆良间列岛登陆，建立前进基地，以便在战役中就近进行后勤补给和战损抢修。

日军中只有真正面对美军的冲绳孤军，才真正了解自己的处境。这时冲绳岛已经是掩护日本本土的最后一道南部屏障。为了能守住冲绳，日军大本营专门制订了保卫冲绳岛的"天"号作战计划，其主要内容是：由牛岛满陆军中将指挥的第 32 军在岛上抗击美军登陆部队；以伊藤整一海军中将指挥的第 2 舰队组成海面特攻队，突入冲绳海域，向美军舰队作自杀性进攻；同时，宇垣缠海军中将组织"神风"特攻队展开特攻，摧毁位于冲绳海外的美军舰队；一旦美军登陆部队失去了舰队支援，牛岛的防守部队便大举反击，将登陆美军赶下海去。

牛岛满，原任中国派遣军第 6 师团第 36 旅团的旅团长，参加过南京大屠杀，1939 年任关东军第 11 师团的师团长，后回国任陆军士官学校的校长，冲绳战役前就任第 32 军司令官。第 32 军参谋长长勇中将，被称为"昭和陆军风云人物"，其战术思想非常凶悍，自称属于柴田胜家一派的将道，也是南京大屠杀的凶手之一，其时任华中方面军司令部情报参谋，军衔中佐，进攻南京时他多次指令各师团就地"处理"俘虏，故日军在南京对中国战俘进行了大屠杀。

第 32 军的头等主力是第 9 师团。第 9 师团是由来自石川、富山、福井这日本北陆三县的士兵而组成的，具有日本北陆地区所特有的团结一致的特色。从日俄战争开始到二战，这支部队一直在第一线作战，因此也被称为继第 2、第 6 师团之后日本帝国陆军的又一支劲旅。在日俄战争中，参加了旅顺攻坚战。往上猛攻了 3 次，所属步兵联队的联队长非死即伤。在遭受那么大的损失之后，师团没有经过什么调整又立即投入到奉天会战。1921 年到 1922 年之间，

▲ 日本冲绳守军最高指挥官牛岛满。

第 9 师团出兵干涉了俄国革命。1932 年因"一二八"事变而紧急出动。1937 年 9 月加入淞沪会战战场，与中国军队的精锐桂系进行了血战，随后也参加了南京大屠杀。之后，第 9 师团参加了徐州会战、武汉会战。1940 年编入关东军，参加了"关东军特别大演习"，编为驮马师团，编制 2.8 万人。1944 年 6 月，第 9 师团近 3 万人携带全部装备调往冲绳岛，并在冲绳南部构筑了相当规模的阻击美军登陆的阵地（事后也证明让美军大尝苦头）。

从日俄战争开始到二战，第 9 师团都以善打恶仗著称，鉴于第 9 师团拥有大量重型火力，兵力和战斗力十分强大，对此第 32 军的首脑寄予第 9 师团以极大的希望，军司令官牛岛满计划以中部的两个机场为核心防御地带，先以海上和空中的特攻作战削弱来犯美军，再集中兵力将登陆之敌歼灭在水际滩头。但是不料 1944 年 11 月初，日军大本营提出抽调第 9 师团去台湾，牛岛满极为不满："如果调走第 9 师团，本岛的防务就无法完成。要抽调的话，索性希望将全军都调去用于决战方面。"大本营不理，12 月下旬，9 师团丢下进行了半年的作战准备去台湾。

作为补偿，日军大本营于 1945 年 1 月 22 日决定调姬路的 84 师团（师团长就是国民党军宣称在 1994 年衡阳保卫战中击毙的佐久间为人）增援冲绳，"使 32 军空喜了一个晚上"，然而 23 日却突然终止，仍要 84 师团加强本土防御。这样造成 32 军极大不满，成为隔阂的祸根。

不过第 32 军还有另一王牌：关东军第 24 师团。第 24 师团 1939 年 10 月 6 日在中国东北哈尔滨编成，后参加"关东军特别大演习"，成为摩托化师团，编制 2.44 万人。1944 年 7 月 18 日，师团主力调往冲绳岛。该师团在冲绳实有 1.43 万人，士兵大多来自于北海道，拥有 60 门火炮，虽然比第 9 师团差得远，但也具备相当强大的战斗力与火力，被作为 32 军头号主力使用。

第 32 军还下辖第 62 师团、独立混成第 44 旅团。第 62 师团是中国派遣军 1943 年 5 月以独立混成第 4 旅团（原驻山西阳泉）和独立混成第 6 旅团（原驻山东张店）编成，驻山西榆次，实有 11,676 人，但没有炮兵。该师团 1944 年 4 至 5 月参加了打通大陆交通线"1 号作战"的平汉战役，7 月 24 日调往冲绳编入第 32 军。独立混成第 44 旅团是从日本本土紧急空运来的第 15 联队加上冲绳当地征召的新兵组成，有 4,800 人，24 门火炮。有的著作称冲绳日军第 32 军是清一色的关东军部队，并不准确。

这样，第 32 军下辖第 24、62 师团，独立混成第 44 旅团，关东军转隶的第 5 炮兵司令部（相当于炮兵师，司令官和田孝助中将，下辖 2 个野战重炮联队、1 个重炮联队、1 个独立重炮大队、1 个臼炮联队等）以及其他直属部队，共有正规军 5.6 万余人，还有海军人员 1 万多人。

上述部队均从冲绳以外调来，冲绳当地新征入伍的军人、军属以及参加战斗支援的武装平民，则超过8万人。炮兵特别强大，有火炮410门（其中野战炮110门，山炮120门，反坦克炮80门，重型迫击炮100门），坦克40辆。美军公认，太平洋上的日军中，以冲绳的日军炮火最为猛烈，也最为准确。

由于第9师团被调走，牛岛放弃了歼敌滩头的方针，决定放弃北、中部机场，而在南部进行持久战。日军大本营、第10方面军、航空部队对32军放弃如此重要的机场都十分不满，但32军赌气不理，放弃了经营半年之久的阵地，手忙脚乱地构筑新阵地和运输大量军需品，结果在美军进攻时一片混乱。

牛岛满的计划是，让美军登陆部队全部登陆，然后将其诱至得不到海空军火力掩护和支援的丘陵地带决战。决战地点选在岛上两大城市首里和那霸之间，这里有无数洞穴、暗堡和炮台，有两个师团全部驻守在这一地区。独立混成第44旅团守卫岛的南端。

伊藤整一海军中将指挥的第2舰队几乎就是日本联合舰队的代名词，莱特湾海战后，联合舰队损失殆尽，只剩下第2舰队的超级战列舰"大和"号、巡洋舰"矢矧"号和8艘驱逐舰。"大和"号是当时世界上最大的战列舰，满载排水量72,809吨，比名噪一时的德国"俾斯麦"号还要重2万多吨。其舷侧装甲厚近半米，被称为"永不沉没的大和"。

宇垣缠海军中将导演的"神风"特攻是一场孤注一掷的大规模自杀强攻。莱特湾海战中，日军首次采用这种野蛮战术。日军飞行员驾驶着挂有炸弹的飞机，一旦发现美舰，就连人带机撞下去，使之发生剧烈爆炸，同时，自己也与目标同归于尽。

日军指挥官牛岛满中将是个秉性温和的老好人，高级参谋八原博通大佐冷静而经验丰富，偏偏参谋长长勇是个"愤怒中年"。此人参加过张鼓峰冲突，满嘴都是"突进、玉碎"之类的军国主义聒噪之语，坚持要在滩头开阔阵地寸土必争。可惜的是他不懂什么军事理论，让冷静的八原驳斥得哑口无言，否则盟军伤亡会小很多。

八原要求日军放弃开阔的滩头阵地，转入有良好地形掩护的南部山区和美军打持久战。大本营对此极为不满，但是长勇被八原驳斥后，没有听从大本营的命令，发扬下克上的精神，命令军队裹挟平民向南方转移。唯一执行的大本营命令，就是不准平民疏散，冲绳平民若有"通敌"嫌疑，可就地杀害。琉球将再一次洒满无辜者的鲜血。

但是日本大本营在保卫菲律宾的"捷号作战"中已经丧失了冷静的判断能力：联合舰队司令丰田副武海军大将上任以来屡战屡败，基本没什么发言权；海空部队中的"愤怒中年"一起胡吹台湾空战大捷，大本营以为美军攻击能力锐减，非常乐观地期待在冲绳彰显"皇军威名"。

▲ 美军飞机正在轰炸日军目标。

No.2 封锁海空

根据美军的计划，斯普鲁恩斯和米切尔率领第58特混编队，在硫磺岛战役期间对日本本土实施轰炸的返航途中，于3月1日对冲绳岛进行了猛烈空袭，并对冲绳岛、庆良间列岛和奄美大岛进行了航空侦察和空中摄影，为冲绳战役提供了宝贵的第一手资料。

对于日本本土航空基地的突击，因为距离美军塞班岛轰炸机基地在800海里以上，只有航母舰载机和B－29重轰炸机能够到达。由于航母编队已经在海上征战多日，又要在即将开始的冲绳岛登陆中担当海空掩护的重任，迫切需要在战役开始前进行休整，而B－29又都归美国陆军航空兵的战略空军部队指挥，所以尼米兹向陆军航空兵司令阿诺德上将提出了请求，但阿诺德认为这是纯属战术性质的任务，不愿出动宝贵的B－29，双方各执一词，互不相让。尼米兹一面表示海军在硫磺岛浴血苦战，伤亡惨重，全是为了替战略轰炸机取得基地；一面以"战略空军宪章"中规定的战区总司令在紧急关头有使用战略轰炸机的权利，据理力争，阿诺德只得作出了让步，同意将B－29用于对日本本土飞机制造厂和航空基地的轰炸。

从3月9日开始，第21航空队司令李梅少将为提高对日本军事工业的轰炸效果，将原来

▲ 受损的美军航母。

采取的白天高空精确轰炸战术改为夜间低空轰炸，并拆除了 B－29 上除尾炮以外所有机载武器，这样就使 B－29 的载弹量增至 7 吨，而且全部使用燃烧弹，这一战术史称"李梅赌注"或"李梅火攻"。当晚334 架 B－29 在东京投下了近 2,000 吨燃烧弹，将东京 42 平方公里城区化为一片废墟，建筑物被毁 25 万幢，100 余万人无家可归，平民死亡达 8.3 万人，伤 10 万人，破坏程度毫不亚于原子弹。

随后又以同样战术组织了对名古屋、大阪、神户等城市的大规模轰炸，至 3 月 19 日共出动 B－29 约 1,600 架次，投掷燃烧弹近 1 万吨，迫使日军将这些城市的飞机制造厂进行了疏散，从而大大降低了飞机产量。

3 月 27 日和 31 日，第 21 航空队根据尼米兹的要求转而轰炸日军在九州的各机场，严重破坏了这些机场的设施，使其在九州地区的航空兵力几乎瘫痪。同一时间里，美军组织的攻势布雷又将下关海峡彻底封锁。

美战略空军上述活动，严重阻碍了日军海空军对冲绳岛的增援，为冲绳战役的举行创造了极为有利的条件。

为了彻底消除来自日本本土的空中威胁，美军第 5 舰队的主力航母编队第 58 特混编队，经 10 天的短暂休整，由编队司令米切尔指挥于 3 月 14 日从乌利西基地出发，前往攻击日本本土，第 5 舰队司令斯普鲁恩斯以"印第安纳波利斯"号重巡洋舰为旗舰，随同编队行动。

3 月 17 日夜，特混编队被日军侦察机发现，对此日军大本营内部出现了两种不同的意见，有的认为这是美军为在冲绳登陆而实施的预先航空火力准备，应迅速进行反击；有的认为应当在登陆开始之后再组织反击，在情况未明之前不应轻易出击，以免不必要的损失。最后大本营考虑到航空兵力损失严重，新的部队正在突击训练，即使多训练一天，也是有益的，因此只要美军登陆的迹象不明显，就尽可能不动用航空兵，以保存实力。

3 月 18 日，第 58 特混编队到达距九州东南约 90 海里处，从凌晨开始出动舰载机对九州各机场进行突击。日本海军第 5 航空舰队司令宇桓缠海军中将虽然接到待美军登陆编队出现时再出击的命令，但他认为如果不进行反击，任凭美军轰炸的话，他的航空兵力都将被消灭在地面上，因此仍下令出击。双方的飞机在空中交错而过，美军飞机在九州上空只遭到了轻微抵抗，但机场上基本没有飞机，战果很小。而在美军攻击日军机场的同时，193架日机也对美军舰队发起了攻击，"企业"号航母中弹一枚，一架日军自杀机在"勇猛"号航母舷侧被击中爆炸，碎片落到航母的机库甲板，引起大火，舰上水兵死2人，伤43人，"约克城"号航母也被击伤，舰体被炸开两个缺口，水兵死5人，伤26人，所幸三舰伤势都还不重。日机则损失161架。

3月19日，美军航母编队出动了近千架舰载机对吴港、大阪和神户的飞机制造厂和九州、四国等地的机场进行轰炸，日军第5航空舰队也出动飞机反击。"黄蜂"号航母中弹数枚，燃起大火，损管人员拼死搏斗，才将大火扑灭，舰员死101人，伤269人。但更大的灾难还在后面。7时许，"富兰克林"号航母正在组织舰载机起飞，一架日军的"彗星"轰炸机借助云层掩护，突然俯冲而下，在30米高度投下两枚250公斤炸弹，一枚在机库甲板爆炸，另一枚落在舰尾，穿透两层甲板在军官舱附近爆炸。在机库爆炸的炸弹危害特别严重，因为航母正在组织舰载机起飞，机库里全是加满油、挂满炸弹的飞机，炸弹爆炸后立即引起了可怕的连锁爆炸，火势迅速蔓延，爆炸此起彼伏，大火引起的浓烟直冲云天，航母上几十架飞机都被炸毁，舰员伤亡已经多达数百人，爆炸和大火持续不断，并逐渐波及到机舱，"富兰克林"号上层建筑面目全非满是弹洞，甲板上遍布飞机残骸，大火蔓延到了后甲板的弹药堆，引起了更大的爆炸，烟柱高达600米。"富兰克林"号所在的第2大队司令戴维森海军少将见航母伤势严重，通知舰长盖尔斯上校可以下令弃舰，但盖尔斯认为只要提供必要的海空支援和掩护，"富兰克林"号还能挽救。戴维森同意了他的计划，立即调动第2大队的其他军舰前来救援。"圣非"号轻巡洋舰用钢缆拖住"富兰克林"号以阻止其倾覆沉没，同时接下部分受伤舰员，舰长盖尔斯首先下令向弹药舱注水，以避免更大的爆炸，但注水后航母开始右倾。9时30分，"富兰克林"号锅炉停止了工作，右倾加剧，甲板几乎碰到了海面，"圣非"号眼看无力控制其倾斜，担心被航母巨大的舰体拖翻，只得砍断钢缆。"匹兹堡"号重巡洋舰接着赶来，布置钢缆阻止"富兰克林"号倾斜，经过不懈的努力，终于制止了航母的倾斜，"圣非"号再度靠近航母，将钢缆以前主炮作支点，系上航母，协同"匹兹堡"号一起矫正航母的倾斜。

航母上的官兵在舰长的指挥下全力抢救，尽管零星爆炸还不时发生，火势还很猛，但倾覆的危险总算被解除了，第2大队的5艘驱逐舰在航母四周一边搭救落水舰员，一边为航母提供掩护。由于航母所在海域距离日军航空基地还不足100海里，日机空袭的危险随时存在，因此抢救工作非常急迫。中午前后，又有一架日机前来攻击，但未命中。

航母上很多舰员在极其危险困难的情况下，表现出了非凡的勇气和崇高的互助精神，水兵唐纳德·加里和300余水兵被困在第五层甲板下的一个舱室里，在与外界联系全部中断的情况下，加里独自一人冒着呛人的浓烟，从一个狭窄的通风道找到了逃生的道路，他随即返回舱室，带领同伴逃生，往返3次才将这300余人全部带出了绝境。舰上的牧师约瑟夫·卡拉汉在飞行甲板上，不顾四下横飞的弹片，安慰伤员，并为死去的官兵进行简短的祈祷，最后还加入了灭火工作，他的行动感染、鼓舞了很多人。

遭到如此重创的"富兰克林"号在全体官兵和第2大队友舰的大力支援下，经数小时的拼搏，竟然奇迹般的扑灭了大火。在这场灾难中，"富兰克林"号共有724人死亡，265人受伤。后在"匹兹堡"号的拖曳下，回到了乌利西基地，经短时间抢修，恢复了航行能力，在"圣非"号巡洋舰的护送下于4月28日返回了美国本土的布鲁克林海军基地。"富兰克林"号是太平洋战争中受创最重却没沉没的航母，该舰的抢救经验，对战后航母的舰体设计和损管系统配置具有极大的指导作用。

▼ 燃起大火的美军航母。

　　舰长盖尔斯因此受到嘉奖，并在 6 月 30 日升任圣迭戈海军基地的司令；加里和卡拉汉被授予美国最高荣誉勋章——国会勋章，1984 年和 1968 年美国海军分别将一艘"佩里"级护卫舰和"诺克斯"级护卫舰以加里和卡拉汉的名字来命名，以此表彰和纪念他们的英勇事迹。

　　在 18 和 19 日两天的突击中，美军损失舰载机 116 架，有 1 艘航母遭到重创，4 艘航母和 1 艘驱逐舰被击伤，在空中和地面上共消灭日机 528 架，炸沉炸伤日舰 22 艘，并对九州地区的飞机制造厂和航空基地造成了较大的破坏，使九州地区的日军航空兵在此后的两周时间里无力组织大规模行动。

　　3 月 20 日，天气转雨，第 58 特混编队南撤，日军因航空兵力损失严重，所剩无几，只以少数飞机进行了零星袭扰，有一架自杀飞机撞伤了一艘驱逐舰。

　　3 月 22 日，第 58 特混编队与后勤支援大队的补给船只在海上会合，进行了海上补给，补充粮、弹、油。

　　3 月 23 日，第 58 特混编队到达冲绳岛以东 100 海里水域，开始对冲绳群岛进行预先航空火力准备。日军大本营还以为不过是美军航母编队向乌利西返航时的顺便之举，并不以为然。

　　对于来自台湾地区的空中威胁，则由英国的航母编队负责消除。英国海军自 1944 年末在大西洋已基本掌握了制海权，能够抽调部分舰只转用于太平洋方面，于 1944 年 12 月正式组建英国太平洋舰队，由弗雷泽海军上将任司令。经过与美军协商，决定派出航母编队参加冲绳战役，这支航母编队被授予第 57 特混编队的番号，由英国太平洋舰队副司令罗林斯海军中将指挥，在第 5 舰队司令斯普鲁恩斯指挥下作战。

　　3 月 16 日，第 57 特混编队从马努斯岛出发，20 日抵达乌利西基地，进行补给和短暂休整。

　　3 月 23 日，从乌利西起航，向先岛群岛航行。

　　3 月 26 日拂晓，到达先岛群岛主岛宫古岛以南 100 海里处，随即出动舰载机对岛上机场实施突击，这支航母编队共有 4 艘 2.3 万吨级航母，排水量与美军的"埃塞克斯"级航母相差无几，但舰载机只有 36 架，仅为美军航母载机数的一半，原因主要是英舰飞行甲板以及弹药舱、机舱等要害舱室都有 50 毫米厚装甲钢板，这在后来同样面对日军自杀飞机的亡命撞击时，英舰生存能力要比美舰强得多。但现在由于舰载机数量少，斯普鲁恩斯命令德金海军少将指挥的第 52 特混编队第 1 大队的护航航母与英军航母协同作战，共同对先岛群岛和台湾北部的机场进行压制性轰炸。经过数天空袭，给日军在这一地区的航空兵力和机场设施造成了严重损失。

　　至此，在美军登陆编队到达冲绳岛海域前，第 58 和第 57 特混编队就已经有效地削弱了日军在冲绳群岛北南两个方向的航空兵力，进一步孤立了冲绳岛守军。

No.3 攻占庆良间列岛

在冲绳岛西南，距那霸约 15 海里，是由 10 余个岛屿组成的庆良间列岛，这些岛屿坐落在长约 13 海里，宽约 7 海里的海域，10 个主要的岛屿都是悬崖峭壁，礁石林立，日军认为该群岛对冲绳岛的登陆而言没有多大作用，所以防御力量非常薄弱。

美军登陆编队司令特纳在制订冲绳岛登陆计划时就提出，先以部分兵力夺取该群岛，但遭到几乎所有人的反对。他们觉得庆良间列岛地形崎岖，无法修建机场，对于冲绳登陆作战没什么价值，如果实施登陆，将会遭到日军猛烈的航空兵力攻击，因为日军在以庆良间列岛为中心，半径 50 海里范围里有 5 处机场，航空兵力雄厚，不仅登陆难以取胜，还会影响随后进行的在冲绳岛的登陆。特纳认为，庆良间列岛主岛渡加敷岛与其以西的 5 个小岛围成庆良间海峡，海面开阔，海峡两端可以布设反潜网，是天然的避风锚地。水深数 10 米，能容纳近百艘大型舰船，而在渡加敷岛以东还有一片稍小一些的开阔海域，则可以建成理想的水上飞机起降基地，这样庆良间列岛就可以成为在冲绳岛登陆的前进基地。而且根据硫磺岛战役的经验，在靠近战场的海域拥有一个避风锚地是绝对必要的。在他的坚持下，美军最终决定先在庆良间列岛实施登陆，以取得前进基地。战役发展进程证明，特纳的这一决定是非常明智和正确的。

3 月 17 日，第 52 特混编队司令布兰迪海军少将、第 51 特混编队第 1 大队司令基兰海军少将、陆军第 77 师师长布鲁斯陆军少将和水下爆破大队大队长汉隆海军上校一起制订了庆良

▼ 庆良间列岛。

▲ 美军部队向冲绳岛发起攻击。

间列岛登陆计划。根据空中侦察，发现日军在庆良间列岛的防御非常薄弱，他们遂改变了特纳原先以一个加强营的兵力逐个攻取的设想，决定以77师主力在6个较大的岛屿同时实施登陆，力争一举夺取庆良间列岛。

3月23日，布兰迪海军少将指挥由18艘护航航母、15艘驱逐舰、19艘护卫舰、70艘扫雷舰以及一些炮艇、猎潜艇等小型舰艇组成的第52特混编队，其任务是对登陆作战实施支援，也被称为两栖支援编队，开始对冲绳岛接近航道进行扫雷，护航航母则出动舰载机对冲绳岛、庆良间列岛日军进行轰炸，以掩护扫雷行动。

3月25日，支援编队中的2艘巡洋舰和3艘驱逐舰对庆良间列岛实施预先火力准备，同时掩护水下爆破大队侦察各岛屿登陆地点的海滩情况，结果发现久场岛和屋嘉比岛两岛屿预定登陆点的水下密布暗礁，登陆艇无法直接驶上海滩，只能使用履带登陆车。这样一来，现有履带登陆车的数量就不能满足在6个岛屿同时登陆的需要，因此美军临时改变计划，先只在其他4个岛屿登陆。

3月26日凌晨，戴约少将指挥的第51特混编队第1大队的11艘战列舰、11艘巡洋舰、24艘驱逐舰和8艘护卫舰对冲绳岛实施炮火准备，吸引日军的注意力，掩护美军在庆良间列

▲ 美军坦克在冲绳岛向前推进。

岛的登陆。

　　4 时 30 分，支援编队开始对庆良间列岛实施登陆前的炮火准备。7 时许，第 77 师由 430 艘登陆舰艇运送，兵分四路，在海空火力支援下，同时在坐间味岛、阿嘉岛、庆留岛和外地岛登陆，日军抵抗非常微弱，至黄昏时分，美军已占领上述四岛，并开始在庆良间海峡布设浮标等锚地设施。

　　入夜后，日军以自杀飞机和自杀艇对登陆美军进行了特攻袭击，虽给美军造成了一些损失，但对整个战斗已没有多大影响。

　　3 月 27 日，美军扩张战果，向其余岛屿发展进攻，很快就占领了整个庆良间列岛。日军一来没有想到美军会进攻这个群岛，被打了个措手不及；二来防御兵力薄弱，无力进行有效的抵抗；三来随着战争的发展，日军必胜的信念早已破灭，士气低落，与战争初期根本无法同日而语。在此次战斗中，主岛渡加敷岛上 300 多守军几乎不战而逃，退到岛上的山中，美军只是想夺取一个锚地，并不在意这些日军残部，因此没有组织清剿。而这些日军尽管还有火炮等重武器，但惧怕美军的报复，不仅没有主动出击，甚至连火炮都一炮不发，与美军"和平相处"，直到战争结束。这在以前是无法想象的，日军士气之低，由此可见一二。

当天，美军的供应舰、油船、修理船、补给舰等后勤辅助舰只就陆续进入庆良间列岛，很快在此建立起补给和维修基地。至 31 日，庆良间锚地已经成为一个初具规模的前进基地，在冲绳战役期间发挥了巨大作用。

美军占领庆良间列岛还有一个意外收获，那就是俘获了日军配置在该地的 250 余艘自杀摩托艇和 100 余条人操鱼雷。原来庆良间列岛是日军的自杀艇基地，日军原准备当美军在冲绳岛登陆时，以这些自杀艇进行夜间特攻的企图随之破灭。

战斗中庆良间列岛日军守备部队死 530 人，被俘 120 人。美军第 77 师的登陆部队阵亡 31 人，伤 81 人；海军阵亡和失踪 124 人，伤 230 人。

3 月 31 日，美军 77 师又占领了庆良间列岛与冲绳岛之间的庆伊濑岛（距冲绳岛约 6 海里），由两个 155 毫米炮兵营组成的野战炮兵集群迅速上岛建立阵地，以便支援冲绳岛登陆。

No.4 抢滩冲绳

美军攻占庆良间列岛后，目标开始转向冲绳岛，而对冲绳岛的炮火准备从 3 月 26 日就已经开始了。

3 月 26 日 4 时，德约少将的第 51 特混编队第 1 大队开始炮击冲绳岛，天亮后，美军第 58 特混编队的航母舰载机和第 52 特混编队第 1 大队的护航航母舰载机以及从马里亚纳、菲律宾甚至中国大陆基地起飞的陆军航空兵也对冲绳岛进行了持续而猛烈的轰炸。参加轰炸的飞机数量多，任务也各不相同，有的对日军机场进行压制性轰炸，有的轰炸日军防御工事，有的为舰炮火力进行校正，有的担负空中警戒，有的进行反潜巡逻……为了有效地进行组织协调，美军专门成立了由帕克海军上校为队长的空中支援控制分队，对所有参战飞机进行统一指挥和协调。

3 月 29 日，因为美军扫雷舰已经将接近冲绳岛航道中的水雷清扫干净，所以战列舰、巡洋舰能够驶到距冲绳岛很近的距离，进行精确射击。

至 3 月 30 日，美军的火力准备已经进行了足足 5 天，而日军的反应令人诧异至极——没有任何还击！要知道在冲绳岛上有着 10 万日军，却好像什么都不存在一样，让美军感到非常奇怪。

在登陆前的一周里，美军炮火准备消耗了大量的弹药，仅舰炮就达 4 万余发，其中 406 毫米炮弹 1,033 发，356 毫米炮弹 3,285 发，203 毫米炮弹 3,750 发，152 毫米炮弹 4,511 发，127 毫米炮弹 27,266 发，日军龟缩在纵深坑道工事中，因此效果并不理想。

4月1日，天气晴朗，美军的登陆终于开始了，来自于旧金山、西雅图、夏威夷、新喀里多尼亚岛、圣埃斯皮里图岛、瓜达卡纳尔岛、塞班岛和莱特岛等地的美军登陆编队于拂晓时分到达冲绳岛海域，并开始换乘。

4时许，特纳发出"开始登陆"的命令，美军炮火支援编队的军舰随即开始射击，掩护登陆部队抢滩上陆。

陆战2师首先在冲绳岛东南海岸登陆，实施佯动，以吸引日军的注意，分散日军的兵力，为真正的登陆创造有利条件。

8时，美军登陆的主攻部队从登陆舰上沿舷侧的绳网下到登陆艇上，登陆艇排成五个攻击波，以整齐的队形向岸上冲去。陆战1师、陆战6师和陆军第7师、第96师，在冲绳岛西海岸从北到南正面约9公里地段登陆。8时28分，美军飞机结束了最后一次扫射，舰炮也停止了射击，第一波登陆艇此时距海滩仅70米，海空协同完美无缺。8时32分，第一波登陆部队冲上岸。

9时，太阳升起来了，阳光驱散了淡淡的晨雾，可以看到海面上履带登陆车和登陆艇排着整齐的队形，一波又一波，川流不息，秩序井然。整个登陆过程，顺利得异乎寻常，日军根本没有任何抵抗，使美军颇有些莫名其妙，不知所以。

10时，美军占领嘉手纳和读谷两机场，美军原以为必定会有一番血战才能拿下这两个机场，根本没料到能在登陆当天占领，而且机场设施都完好无损。日军的防御重点虽然在南部，机场本来也不准备坚守，但是牛岛计划在放弃前将机场设施全数摧毁，使之无法使用，因为日军部署在机场地区的是由冲绳岛壮丁组成的特种勤务旅，这支部队组织涣散，装备低劣，士气更差，美军还未到来，就已经溃不成军，哪里还记得破坏机场？让美军得了大便宜。

下午，美军突击进行物资卸载。海上，日军没有出动一架飞机一艘军舰。冲绳岛上，日军也只有少数狙击兵的轻武器射击和迫击炮零星射击，抵抗极其轻微。

至日落时，美军已有5万余人和大量的火炮、坦克以及军需物资上岸，建立起正面约14公里，纵深约5公里的登陆场。特纳向斯普鲁恩斯和尼米兹报告："登陆顺利，抵抗轻微。"美军上至特纳，下到普通士兵，对日军的神秘消失感到迷惑不解。巧得很，这天正是西方的愚人节，很多官兵甚至想难道这是日军的愚人节玩笑？

4月2日，美军一部开始向东推进，以切断日军防线。

4月4日，美军两个陆战师横跨整个岛屿到达东海岸的中城湾，占领岛中部地区，将日军防线一分为二。美军原计划15天完成的任务，仅4天就顺利实现。

No.5 "大和"号覆灭

4月5日，联合舰队决定以第2舰队的"大和"号战列舰、"矢矧"号巡洋舰和"冬月"、"凉月"、"矶风"、"滨风"、"雪风"、"朝霞"、"霞"、"初霜"号等8艘驱逐舰组成海上特攻队，配合"菊水一号"航空特攻作战，于4月8日拂晓突入冲绳以西海域，歼灭美军登陆编队，支援冲绳岛上守军夺回机场。由于日军燃油严重短缺，联合舰队费尽九牛二虎之力才搜集到2,500吨燃油，还不到"大和"号燃油舱容量6,400吨的一半，勉强能保证前往冲绳的单程油耗所需，而且因为航空兵力全数投入菊水作战，对这支出击的舰队没有任何空中掩护，完全是一次地道彻底的自杀性海上特攻行动，所以参战官兵都清楚此次作战是有去无回的。在出征前例行的诀别酒会上，很多人都情不自禁有些失态，与以往出征前的诀别酒会有说有笑的场景截然不同，充满着赴死前的悲怆与凄然。

其中，1941年下水的日本海军巨型战列舰"大和"号堪称世界海军史上无与伦比的战列舰。它满载排水量6.8万吨，主装甲厚超过半米。其水密设计优良，可以抗击鱼雷炸弹连续攻击而仍旧保持生命力。"大和"号上装有9门460毫米大口径主炮，可将1吨多重的巨型炮弹发射到40公里外，舰上还装有140门大口径高射炮和大量副炮，有很强的单舰作战能力。"大和"号460毫米舰炮的基座重达几百吨，单座炮塔的重量比"凉月"号驱逐舰还重。在开炮前，全舰人员必须进入甲板隐蔽所，否则炮口风暴会无情杀伤暴露的水手。而9门巨炮开火时，巨舰自身如同遭受鱼雷攻击一样，山摇地动地猛烈震颤。除在它以后下水的同

▲ 在"大和"号战列舰上的山本五十六。

型姊妹舰"武藏"号和"信浓"号外，它在舰艇吨位、航装甲厚度、适航性及舰炮口径、射程等方面远远超过任何国家的战列舰，稳居各国战列舰之冠，也是当时世界上吨位最大的战列舰。在巨舰大炮主义的推动下，各国海军在第一次世界大战后展开一场比战列舰数量、吨位和舰炮火力的军备竞赛。日本海军为争夺太平洋海军优势，不惜调集全国最优秀的造船专家，调拨几万吨优质钢材，耗费大量资金、人力和数年时间，赶在日美开战前夕，设计、制造成功"大和"号巨型战列舰。

"大和"号下水服役后，日本海军视其为"镇海之宝"，曾被用为日本海军联合舰队旗舰。连山本五十六也不得轻易动用（山本因此长期坐镇"长门"号）。太平洋战争开战初期，日本海军为了保护海军元气，不肯轻易动用"大和"号出战，一心留待决战时刻到来，伺机与美国战列舰舰队决战，一鸣惊人。因此之顾，这艘巨型战舰长期闲置无用，几千舰员无所事事，终日在豪华的战舰里品尝优先供给的美味食品。"大和"号还拥有空调、冷柜、豪华的柚木舱室，常年供应冰激凌和强尼沃克威士忌的商店，被其他军舰舰员讽刺为"大和旅馆"。

1944年10月，日美两军在莱特湾进行海上决战。"大和"号与其姊妹舰"武藏"号一起，相伴出航，在菲律宾吕宋岛以南的锡布延海遭遇美国舰载机机群的攻击。两艘日本巨型战列舰在美机追赶下四处奔逃，十分狼狈。"武藏"号在连中36枚美国舰载机投放的鱼雷、炸弹后，翻沉在锡布延海的滚滚波涛中。"大和"号也被3枚高空坠落的重磅炸弹击中，舰身发生倾斜。次日，"大和"号几经反复，驶进莱特湾战区，刚刚有机会启动460毫米巨炮试射，准备轰击美军军舰，却因日军指挥官粟田中将被"武藏"号的翻沉所震慑，担心"大和"号遭美军舰载机追击，重蹈"武藏"号的覆辙，赶紧下令"大和"号回撤。"大和"号失去服役以来唯一一次发挥巨型舰炮威力的机会，一口气逃回日本本土，从此闲置在港湾内。

然而此时"大和"号承担的任务却是那么凄凉：就是要强行冲过美军控制的海域，对冲绳岛周围海域的美舰发动自杀攻击并争取在冲绳岛西岸抢滩搁浅，用舰上巨炮攻击美国军舰，然后2,000舰员在冲绳岛强行泅渡登陆，投入保卫冲绳岛的地面战斗。从"大和"的绝命出击，也可以看出日本大本营在最后的窘迫：联合舰队司令丰田副武上任以后屡战屡败，已经完全丧失了冷静的判断能力。在下属质疑这次几乎没有可能生还的出击的可行性时，他回答：万一成功就可缔造奇迹。"当出击令递交到军令部时，军令部次长小泽治三郎此时也没有表达反对，军令部长川古志郎则表示沉默。唯一能够阻止这些疯狂计划的联合舰队参谋长草鹿龙之介此时才知道计划的详情。刚刚从九州培训新兵回来的草鹿大吃一惊，但此时反对已经来不及了。后来指挥"大和"舰队出击的伊藤整一中将开始对这种自杀行为表示非常反对，认为这根本不是作战。草鹿只好垂头丧气地对他说："你将是为帝国牺牲的先驱。"伊藤只好回答："只有如此吧。"

1945年4月6日，"大和"号装上仅够其单程航行、日本海军储存的最后的燃油（根据最新数据为4,000吨，和以往记录不同，这个数字足够"大和"直线往返冲绳和吴港三次），由一艘巡洋舰和8艘驱逐舰护航，驶离九州以北的濑户内海基地，经由丰后水道，往南向冲绳进发。与以往的气氛不同，这次出击没有民众狂热的欢呼，在落日的余晖中，"大和"号在悲壮愤懑的气氛中开始了它最后的航程。

傍晚时分，运气欠佳的"大和"号还未驶出丰后水道，就被潜伏的两艘美国潜艇发现行踪。其中"红头鱼"号潜艇直接用明码向总部拍发"大和"出击的消息。消息立即引起美军司令部的高度重视。接替哈尔西指挥第5舰队的斯普鲁恩斯梦想用6艘最先进的战列舰与"大和"号展开一场继日德兰大海战后最辉煌的大舰巨炮决战。但是美国海军太平洋舰队第58特遣舰队司令米切尔中将则有不同想法。经过仔细分析，他准确判断出"大和"号的目的地、预定航向和出航意图，下令各航空母舰编队立即出航迎战，向冲绳以北海域进发，出动舰载机攻击"大和"号，在其向冲绳岛航行的途中击沉它。米切尔的说法折服了斯普鲁恩斯："大和"号主炮射程超过41公里，"依阿华"级射程刚过38公里，而"科罗拉多"级射程只有32公里。在战争快结束时，没有必要冒险让6艘主力舰展开炮战，派航空兵去就可以了，战舰要留到登陆东京使用。

4月7日上午12时30分，美机飞临日舰上空，日军舰队排成菱形队形，"大和"号居中，巡洋舰和驱逐舰则在其四周，正以26节航速行进。当美机冲出低垂的云层，展开攻击时"大和"上的24门27毫米高射炮和156门25毫米机关炮一起开火，同时其他日舰也以全部炮火开始对空射击，一时间天空中炮声轰鸣，弹片横飞。美机冒着密集弹雨迅速占据有利的攻击阵位，从各个方向和角度投下了鱼雷和炸弹，战斗机则用机枪猛烈扫射，压制日舰的对空火力，美机攻击凶猛异常，"大和"号在舰长有贺幸作海军大佐指挥下，不断进行高速大角度机动，以规避呼啸而来的鱼雷、炸弹，但仍有一条鱼雷命中左舷前部，两枚225公斤炸弹在主桅杆后面爆炸，炸开了装甲厚实的舰尾雷达室，里面的官兵尽数被炸死，观测仪器全部被毁。"大和"凭借着坚固的装甲防护，还没有受到重创，仍能以18节航速继续航行。"矢矧"号巡洋舰被击中一条鱼雷和一枚炸弹，完全失去了机动能力；"滨风"号驱逐舰被一条鱼雷和一枚炸弹命中，舰体断裂于12时47分沉没；"凉月"号驱逐舰被450公斤炸弹命中，燃起大火；"冬月"号被两发火箭弹击中，幸运的是都没爆炸，逃过一劫。13时10分，第一波美机投完了所携带的鱼雷炸弹，返回母舰。

13时35分，美军第二攻击波到达日舰上空，由于第58特混编队第4大队的飞机比其他两个大队的飞机晚起飞，因此这一攻击波不是集中攻击，而是分成几个波次进行的，持续不断的攻击反而使日军没有喘息之机，对美机的攻击疲于应付，让美机连连得手，美机的攻击有章有法，节奏分明。首先战斗机扫射，压制日舰高射炮火，并乘机投下所携的炸弹，接着鱼雷机集中对"大和"左舷进行攻击，这时"大和"号航速大减，高射炮炮手多被美军战斗机消灭，不仅毫无还手之力，连招架之功也很勉强。

13 时 37 分，3 条鱼雷命中左舷，海水大量涌入，舰体开始左倾，"大和"号有完善而庞大的注排水系统可以迅速消除舰体倾斜，但一枚 450 公斤炸弹正巧命中了注排水控制舱，将所有的调节阀门炸毁，无法进行排水，只得采取向右舷对称注水的办法，舰长甚至不等右舷最大的舱室主机舱和主锅炉舱的人员撤出就下令注水，两个舱室数百官兵很快被汹涌而入的海水淹死。总共向右舷注入了 3,000 吨海水，牺牲了数百名舰员和全舰一半的动力，致使"大和"号只能使用左舷一半的动力运转，航速锐减，再也无法进行有效的机动。即使付出这样巨大的代价，还没将左倾消除，美机的攻击又接踵而至。7 分钟后，又有两条鱼雷命中左舷，刚刚有所恢复的左倾再度加剧，而且舵机失灵，"大和"号升起了遇难旗，航速只剩下 7 节，甲板上到处是弹洞，被炸开的钢板四下翻卷，由于左倾已达 15 度，大口径高炮已经无法操纵，只有 25 毫米的机关炮还能勉强射击。

14 时 02 分，一批美机俯冲而下，投下的炸弹有 3 枚在左舷中部爆炸，使其左倾加大到 35 度。14 时 07 分，一条鱼雷击中右舷，此时"大和"号上层建筑面目全非，全舰被浓烟烈焰所包围，完全丧失了机动能力，防空火力微乎其微，又不能进行机动来规避，沦落到任人宰割的地步。14 时 12 分，4 架美军鱼雷机冲出云层从容实施攻击，如同是在进行鱼雷攻击表演，美机攻击动作十分完美，投下的鱼雷有两条命中左舷中部和后部。"大和"号升起了紧急求救信号旗，通知驱逐舰靠帮接走舰员，但驱逐舰知道"大和"号弹药舱里近 2,000 发 460 毫米主炮炮弹只发射了 3 发，现在随时都有爆炸的可能，都不敢靠近，"大和"号的左倾急剧增大，舰员已经无法站立，很多人不等舰长下达弃舰命令就自行跳海逃生，舰长有贺见此情景，也知道"大和"号已经无可挽救，只得下令弃舰。

14 时 15 分，又有一条鱼雷击中左舷中部，伤痕遍体的"大和"号再也经受不住，左倾达到 80 度，甲板几乎与海面垂直，终于在 14 时 20 分倾覆沉没。460 毫米前主炮炮膛里的炮弹滑落下来，撞穿了弹药舱甲板，引爆了舱中的炮弹。剧烈的爆炸简直将"大和"号舰体炸断，烈焰冲天而起，翻滚的蘑菇状烟柱竟高达 1,000 米，甚至连 110 海里外鹿儿岛的居民都看到了大爆炸的火光与浓烟，海面上顿时出现一个深达 50 米的旋涡。不多时，后主炮炮塔里的弹药也在水下爆炸，钢铁的碎片从水下飞溅而出，爆炸的气浪连海面上挣扎的水兵都感到一阵窒息，伊藤中将和有贺大佐以下 2,498 名舰员随舰葬身海底，只有 269 人获救。这些生还者于 1967 年组成名叫"大和会"的战友会，并在臭名昭著的靖国神社竖立纪念碑，碑上刻有一幅"大和"号的浮雕，碑顶放有一枚"大和"号 460 毫米主炮的穿甲弹，经常聚会追忆往昔。

在美军攻击"大和"号的同时，部分美机也对"矢矧"号巡洋舰和驱逐舰发动了攻击，"矢矧"号已经丧失了机动能力，美军轰炸机和鱼雷机进行的攻击动作漂亮、出色，简直是教科书式的表演，"矢矧"号累计被击中 7 条鱼雷和 12 枚炸弹，于 14 时 05 分倾覆沉没。

"矶风"号、"朝霞"号和"霞"号驱逐舰也先后遭到重创，不得不自行凿沉。

当"大和"号沉没后，第 41 驱逐舰大队大队长吉田正义大佐接替指挥，他一面组织残余舰只打捞落水人员，一面向联合舰队司令发电报告战况并请示下一步行动指示。16 时 39 分，联合舰队司令丰田鉴于预期计划已无法实现，决定终止海上特攻，吉田随即率领余下的 4 艘驱逐舰带着创伤，于 8 日回到了佐世保基地。

美军的战列舰、巡洋舰编队还未投入战斗，日军的这支海上特攻舰队就被美军舰载机所消灭，美军共出动舰载机 386 架次，其中战斗机 180 架次，轰炸机 75 架次，鱼雷机 131 架次，被日舰击落 10 架。

日本海军在冲绳海域活动的 11 艘潜艇，由于美军反潜兵力雄厚，警戒严密，未获任何战果反被击沉 8 艘，至此，日本海军对冲绳岛守军的支援均告失利。

No.6 "神风"特攻战术

"神风"特攻是一种利用日本人的武士道精神，按照"一人、一机、一弹换一舰"的要求，对美国舰艇编队、登陆部队及固定的集群目标实施的自杀式袭击，即自杀性"肉弹"攻击的作战方法。即在机上装上大量的烈性炸药，置于飞行员座舱之前，一旦发现目标，就连人带机撞下去，其机头触及坚硬之物立即发生剧烈爆炸。"神风"的典故源于公元 15 世纪元军攻打日本时，胜利在望之际，海上突然刮起强烈的台风，致使蒙古人船毁人亡，全军覆没。素来崇尚神灵的日本国民便把葬元军入鱼腹、救日本于转瞬的暴风称之为"神风"。

这种作战方法在太平洋战争中已频频出现，在美日战争的第一天即偷袭珍珠港战斗中，板田房太郎中尉就曾驾机撞向美军机场机库。首次有组织的自杀性攻击出现在 1944 年 5 月的比阿克岛登陆战中，日本为夺回其与南太平洋交通线上的要地与美军发生了激烈战斗。27 日，陆军第 5 飞行战斗队队长高田胜重少佐断然率 4 架飞机向驶近的美舰撞去，击沉了美舰。战后，日将此举通报全军，引起了军内外的震动，此次行动成为"神风"特攻战术的先导。

　　莱特湾海战之后，日本海军的大型舰船基本上荡然无存，硫磺岛海空战中，"神风"特攻队一跃成为日军武器装备中最有效的一种反舰武器。硫磺岛之战结束后，日大本营更是把抵挡美军强大攻势的砝码押在了"神风"特攻上面。为大规模实施这种攻击，他们加紧对"神风"机飞行员的培训，成千上万的日本青年人应召加入"神风"特攻队。一场血腥的"死亡游戏"已经准备完毕，只等待美国人的加入。

　　日军在冲绳岛身后特攻作战的代号为"菊水"，菊水就是水中的菊花，这是日本 14 世纪著名武士楠木正成的纹章图案，楠木在众寡悬殊的战斗中立下"七生报国"的誓言，意为即使死去七次也要转生尽忠，他就因在战斗中与敌同归于尽的壮举为后世所推崇。

　　这种自杀式袭击，被技术熟练飞行员严重短缺的日军大力推广，此后这种极其野蛮的战术愈演愈烈，在冲绳战役中更是达到了登峰造极的地步！

　　4 月 6 日至 7 日，日军以九州的第 5 航空舰队和第 6 航空军为主要兵力，台湾和先岛群岛的第 1 航空舰队和第 8 飞行师团为辅助兵力，出动海军飞机 462 架，陆军飞机 237 架，共 699 架，其中自杀飞机 355 架。击沉美军驱逐舰 3 艘、坦克登陆舰 1 艘和万吨级军火船 2 艘，击伤战列舰、航母、护卫舰和布雷舰各 1 艘、驱逐舰 8 艘，美军伤亡有数百人之多。

▲ 遭受日机"神风"特攻后受损严重的美军船只。

尽管战前美军就估计到了日军会发动自杀性攻击，但日军攻击之疯狂、美军损失之惨烈，仍令美军胆战心惊。日军将这两天的战斗称为"菊水一号"作战，出击的日机共被击落335架，约占出击总数的48%。

4月12日至13日，日军发动了"菊水二号"作战。因为"菊水一号"作战中损失的飞机还没来得及补充，所以出击的飞机数量要比第一次少，海军出动200架，陆军192架，共392架，其中自杀飞机202架。

由于兵力不足，日军在攻击战术上作了一些改进，先出动战斗机吸引美军的战斗机，当美军战斗机燃料耗尽返回母舰时，攻击机才飞临目标上空进行攻击。同时日军还开始使用一种新式武器——"樱花弹"，实际上是火箭助推的载人航空炸弹，由攻击机携带到达战区后脱离载机，由敢死飞行员驾驶冲向目标，装有1吨烈性炸弹，由3台固体燃料火箭发动机推进，时速高达800公里，威力很大，美军则称之为"八格弹"，这种武器给美军造成了不小的损失。此次作战，日军共击沉美军驱逐舰、登陆舰各1艘，击伤战列舰1艘、驱逐舰6艘、护卫舰3艘、扫雷舰、布雷舰和登陆舰各1艘，日军损失飞机205架。

4月中旬开始，美军为了减少损失，在日机最有可能来的方向派出雷达警戒舰，当发现日机飞来，一边发出预警，一边引导空中的战斗机前去拦截。此外还在刚占领的冲绳岛机场上布置大量战斗机，专门用于截击日军来犯飞机。

4月16日，日军发动"菊水三号"作战，出动海军飞机391架，陆军飞机107架，共498架，其中自杀飞机196架，击沉运输舰和军火船各1艘，击伤航母、驱逐舰、医院船各1艘，运输舰2艘，日机损失182架。在此次战斗中，美军的"拉菲"号驱逐舰浴血苦战，赢得了"不沉之舰"的荣誉，成为美国海军勇敢和坚强的象征。

当天"拉菲"号担任雷达警戒舰，早上8时许，发现日军50余架飞机飞来，便立即发出预警，并引导空中的战斗机前去拦截，由于此时空中双方飞机混杂在一起，"拉菲"号怕误伤己方飞机，没敢开火。很快两架日军自杀机猛冲过来，"拉菲"号迅速开火将其击落，随即又有20余架日机从几个方向扑来，"拉菲"号全力以赴，组织全舰火力对空射击，日机集中攻击，使"拉菲"号难以兼顾，先后被3架自杀飞机撞中，其中一架正撞在127毫米尾主炮的炮塔上，剧烈的爆炸当场就将炮塔炸飞，火焰和浓烟喷涌而出，高达60米。甲板上到处是日军自杀飞机上航空燃油溅洒所引起的燃烧，火势熊熊，损管队员冒死拼搏，竭力控制火势蔓延。紧接着一架日机投下的炸弹命中20毫米高射炮的弹药舱，引发了更大的爆炸，将舵机炸坏，使"拉菲"号失去了机动能力。不久又有两架自杀飞机撞上"拉菲"号，进一步加剧了其伤势，"拉菲"号后半部的火炮全部被炸毁，只剩前部4座20毫米炮还在坚持战斗。生死搏

▼ 日军自杀飞机正扑向美军舰艇。

斗持续了整整80分钟，"拉菲"号共遭到了22架自杀飞机的攻击，击落了9架，但被5架撞中，还有4枚炸弹命中。"拉菲"号受到的创伤如此之重，凭着全体舰员的努力，最终没有沉没，在350名舰员中，死亡32人，伤71人，几乎占1/3。次日被拖船拖到庆良间列岛锚地进行紧急抢修。4月22日就能依靠修复的自身动力驶到关岛，最后于5月22日驶抵本土西雅图，在托德船厂进行大修，直到战争结束后的9月6日才修复。战后"拉菲"号于1975年3月退役，1981年被拖到南卡罗莱纳州帕特里奥茨角，作为一艘历史名舰于1982年开始向公众开放。

日军这三次菊水作战都是在白天进行的，虽然容易发现美军目标，也取得了不少战果，但代价也相当巨大。对日军而言，无论是损失的飞机，还是飞行员都很难迅速补充，因此随后的菊水作战，日军只得改为夜间攻击。

4月21日和22日，日军出动飞机317架，其中自杀机131架，实施"菊水四号"作战。

5月4日和11日，日军为弥补损失的飞机，将水上侦察机也改装成自杀机，投入特攻攻击，共出动飞机597架，其中自杀机300架，先后发动了"菊水五号"和"菊水六号"作战。

5月24日、25日和5月27日、28日，日军又将教练机改装成特攻机，以增加特攻机的数量，接连发起了"菊水七号"和"菊水八号"作战，总共出动飞机737架，其中自杀机208架。

6月3日和21日、22日，日军竭尽全力，出动飞机502架，其中自杀机114架，发动了"菊水九号"和"菊水十号"作战。

美军逐步摸索出了对付日军自杀机的方法：首先除雷达警戒舰外，还派出预警雷达飞机，严密监视日军最可能出击的方向，还在冲绳岛和附近小岛上建立雷达站，实施严密对空警戒；其次运用统筹学原理，科学组织舰船的防空机动，大型军舰与日机来袭方向保持垂直，小型军舰则与日机攻击航向平行，同时采取突然急转和增速，使日机难以对准目标；最后加强战斗机空中巡逻警戒，随时根据雷达预警的报告，进行拦截。

而日军的情况正好相反，因为进行自杀攻击的飞行员没有一个能够回来报告攻击经验和体会，因此无法针对美军的战术变化进行必要的改进。此外，最早的以献身为荣、毫不畏死的"神风"特攻队飞行员已经损失殆尽，后来的飞行员大多是迫于压力而出击的，认为这种牺牲没有意义的厌战情绪逐渐在日军内部蔓延，甚至有些飞行员以没有发现美舰为借口返回了基地。

最终，日军的攻击效果越来越小，而飞机和飞行员因为损失又得不到补充，能够出动的飞机越来越少，菊水作战才告结束。整个冲绳战役中，日军出动的"神风"特攻队飞机，包括"樱花弹"，共计1,500余架次，击沉美舰26艘，击伤202艘，被美军击落900余架。

▲ 美军在冲绳岛上与日军激战。

　　日军除 10 次大规模的"菊水作战"外，只要天气允许，每天还组织小批飞机出击，从 4 月 6 日至 6 月 22 日，零星出击的飞机总数也高达 4,109 架次，其中自杀机 917 架次，加上 10 次菊水作战出动的飞机，总计 7,851 架次，其中自杀机 2,423 架次，虽被击落 4,200 余架，但给美军造成了巨大损失，共击沉美军军舰 33 艘，击伤 360 余艘。在美军被击沉的 33 艘军舰中 26 艘是被自杀机击沉的，占沉没军舰总数的 78.8%。就连米切尔的旗舰"邦克山"号航母也于 5 月 11 日日军发动的"菊水六号"作战中被两架自杀机撞中，损伤极其严重，舰员死亡和失踪达 396 人，伤 264 人。其中一架自杀机撞上母舰时，发动机被爆炸的气浪弹飞进米切尔的司令部所在舱室，使舱内 14 名参谋军官当场阵亡，米切尔只好率司令部的其余人员转移到"企业"号航母上。不料 3 天后，"企业"号也遭到了自杀机的撞击，失去航行能力，使得米切尔在 3 天里两易旗舰。冲绳之战，日"神风"特攻作战规模之大，来势之猛，攻击之疯狂，损失之惨烈，在整个二战中绝无仅有，达到了丧心病狂的程度。

　　"神风"特攻作战后来一直持续到战争结束，日本大本营曾准备在本土决战时发动更大规模的"神风"特攻，与盟军登陆部队同归于尽，到 1945 年 8 月 15 日战败那天，日陆、海军航空兵部队拥有飞机 6,150 架，其中特攻飞机 2,800 架，接近总数的一半，这些"神风"机分散隐匿在九州附近。然而，在世界反法西斯国家和人民的沉重打击下，1945 年 8 月 15 日，日本被迫宣布无条件投降，"神风"特攻也随之寿终正寝。当晚，"神风"特攻之父大西中将在绝望中以传统方式切腹自杀。至此，"神风"特攻队的血腥历史宣告结束，而先后参加特攻的 4,615 余名年轻飞行员却可悲地成为法西斯战争政策的殉葬品。

　　这种把人当成导弹驾驶仪，把飞机变成导弹的方法是迄今为止战争史上规模最大、最残酷的自杀攻击行动。战争的基本规则是保存自己消灭敌人。日本人无视人的生命，违反这条基本原则，肯定不会获得好的战果。这种疯狂的行为使美国人不寒而栗，眼睁睁地看着一架飞机不顾死活地向舰只撞来，飞行员同归于尽的决心，真是使人周身血液都凝固了。"神风"攻击产生的最直接的后果，是使美国对在日本本土进行登陆作战的代价作了最充分的考虑，最终决定向广岛和长崎投下原子弹，迫使日本投降。

No.7 血染冲绳

　　在向北部地区扫荡的同时，美陆军第 24 军向南部日军发起进攻。冲绳岛南部是日军重点设防地区，日军守岛的总指挥——第 32 集团军司令牛岛满在该地区精心构筑了三条防线，决心以此为依托，大量杀伤美军，挫败其占领全岛的企图。在日军的顽强抵抗下，美军在 1945

▶ 美军飞机对冲绳岛日军目标实施空中打击。

年 4 月 5 日以后的 8 天时间内伤亡高达 4,400 余人，苦战到 4 月 24 日才突破日军第一道防线。

其中 4 月 12 日，美军和日军在伊江岛市的"中央高地"展开了血战。整整 6 天，美军勇敢地向日本据守的高地发起了冲锋，前进的道路不能用米来丈量，只能用尸体作为单位。最终美军夺下该高地，后将其命名为"血岭"。4 月 21 日，美日在峰城山岛展开血战，日军死亡 4,700 人，409 人被俘；美军伤亡超过 1,100 人。该岛平民死亡 1/3，此前著名战地记者派尔被日军打死。

为了尽可能地降低平民的死亡，美军开始集中平民，将剩余平民集中到安全地区，这使得冲绳人在战后，对美军的占领拥有极为复杂的感情。

但陆军第 24 军对南部地区的进攻却非常艰难，因为日军在冲绳岛的主力就部署在南部，而且充分利用悬崖峭壁、深沟高谷等险峻地形构筑起坚固隐蔽的防御工事，所以美军进展极其缓慢。牛岛原本在大本营的一再督促下，准备于 4 月 8 日发动对机场总反击，但在 4 月 7 日下午，发现那霸附近海面有美军数百艘舰船活动。牛岛担心美军会从反击部队的侧后实施登陆，加上他本来对这次反击就不积极，正好以此为借口取消了反击，而将全部兵力用于依托工事进行坚守防御，给 24 军造成了很大困难。

4 月 9 日，由于 24 军遭到了顽强抵抗，推进严重受阻，美军只得将留船预备队第 27 师投入南线作战。

　　4月13日，星期五，黑色的日子，美国总统罗斯福在佐治亚州温泉逝世。美军上至上将司令，下至普通一兵，无不感到震惊和悲痛。尼米兹以太平洋战区全体官兵的名义向罗斯福夫人发去了唁电。日军乘机大做文章，大肆散播题为"美国的悲剧"的传单，声称特攻作战将击沉美军所有战舰，并使无数人成为孤儿。日军大本营急不可耐催促牛岛抓住时机发动反击，在大本营的一再命令下，牛岛发动了反击，但他并没按照大本营的指示投入全部力量，而是保留了相当部分的兵力，只投入了部分兵力对嘉数高地的美军进行反扑。日军先以敢死队员怀抱炸药采取自杀攻击方法炸毁美军坦克，再对失去坦克掩护的美军步兵发起冲锋，美军在日军冲击下，节节败退，死伤将近5,000，全凭后续部队的重炮和海空优势火力才将日军攻势遏制。

　　4月19日，美24军3个师从那霸以北约6.5公里处发动大规模进攻，5时40分，海军的6艘战列舰、6艘巡洋舰和8艘驱逐舰先对日军阵地进行猛烈炮击；6时，陆军27个炮兵营对日军阵地进行了长达40分钟的炮击，共发射了1.9万发炮弹；接着海军和陆战队的650架飞机也对日军阵地实施了航空火力准备，投下大量的炸弹和凝固汽油弹。在这样猛烈持续

▼ 美军喷火坦克扫射日军盘踞的洞穴。

的火力打击后，24 军发起了进攻，但日军利用坑道躲避美军的轰击，当美军炮火开始延伸，地面部队展开攻击时，才进入阵地迎战，因此美军的攻势一次次被瓦解。日军充分显示了其顽强的战斗意志，每一个山头，每一个碉堡，每一个坑道，甚至每一块岩石，美军都必须经过多次血战，才能夺取下来，激烈的战斗整整进行了 5 天，美军的进展总共也不过数米！一切就像是硫磺岛战斗的重现，只是日军的兵力和要争夺的面积更多而已。性格暴躁的特纳对陆军的缓慢进展大为不满，甚至公然指责第 10 集团军司令巴克纳的指挥和战术，引起了陆、海两军种之间的争执。

4 月 6 日，美海军陆战队司令范德格里夫特上将到达关岛，准备视察在冲绳岛作战的海军陆战队，但尼米兹认为目前冲绳岛上陆军进展缓慢，为避免引发不必要的陆海军之间的矛盾，暂时不宜前去。因此建议他先视察关岛和硫磺岛的部队。当范德格里夫特在硫磺岛的视察结束后，尼米兹却邀请他一起去视察冲绳岛，因为南线的陆军部队几天来毫无进展，局势不容乐观，尼米兹觉得有必要进行干预。4 月 22 日，尼米兹和范德格里夫特搭乘 C－47 运输机在 12 架战斗机护卫下飞往冲绳岛。次日，尼米兹、范德格里夫特和斯普鲁恩斯在冲绳岛美军

▼ 美军与日军逐山展开争夺战。

已占领地区视察，并与陆军指挥官讨论目前战局，尼米兹有些怀疑陆军采取按部就班的战术缓慢推进只是为了减少其伤亡，而根本不顾海军在冲绳海域支援编队的安危。因此他要求陆军加快推进速度，以便使支援编队从令人生畏的日军自杀特攻中尽早脱身。但第10集团军司令巴克纳表示这是一次地面作战，言下之意是冲绳岛上的战斗是陆军的事，不需要海军插手。尼米兹立即冷冷回敬："是的，这是一次地面作战，但我每天损失一艘半军舰，所以如果5天里不能取得突破，我将抽调别的部队来。"在海军的强烈要求下，巴克纳决定将陆战1师和陆战6师调到南线加强正面进攻，而不是范德格里夫特在日军侧后实施登陆的方案，他的这一意见得到了尼米兹的同意。

美军推进至日军主要防线约4,500米前，双方陷入僵持，巴克纳乘机调整部署，将北部的陆战1师和陆战6师调到南线，而将南线的第27师调到北半岛，接替两个陆战师的防务；攻占伊江岛的第77师接替96师，投入南线；96师则休整10天，再替换第7师休整。美军完成调整后，以4个师展开攻击，采取两翼包抄战术，迂回夹击日军主要防线，以加快作战进程。

4月24日，美军终于取得了进展，克服了日军的顽强抵抗，突破了牧港防线。

5月4日，牛岛见美军步步进逼，为争取主动，一反其一直以来所坚持的坚守防御方针，发动了孤注一掷的总反攻。以部分兵力由驳船运送在美军战线后方海岸实施登陆，配合主力从正面发动的攻击。但由于得不到海空军的有力支援，登陆部队在航进途中被美军发现，随即遭到驱逐舰和地面炮火的轰击，还未上岸就被消灭了，正面主攻部队一离开坚固隐蔽的防御工事，立即遭到美军优势炮火的集中轰击，不到24小时反攻就被粉碎了。牛岛这次反击得不偿失，损失了大量人员，消耗了大量的弹药，尤其是消耗的弹药难以补充，使日军的弹药储备接近枯竭，牛岛不得不下令节省弹药，每门炮平均每天只有10发炮弹，严重影响了日后的作战。如果牛岛不实施这次反击，那么反击中损失的人员、弹药可以在坚守防御中坚持更多时间，给予美军更大的杀伤。

5月8日，纳粹德国宣布战败投降，冲绳海面的每一艘美军军舰向日军阵地发射3发炮弹，以示祝贺。

美军投入了新型的喷火坦克和重型坦克，冒着日军的枪林弹雨，碾压日军的战壕，冲入日军的阵地。喷火坦克将凝固汽油射入日军隐藏的山洞和坑道，日军终于支撑不住，其防线逐渐被突破，但牛岛随即在夜色和烟雾掩护下，悄然组织部队有序地撤往下一个防线。因此战斗发展成这样一种模式：日军先是凭险死守，接着美军在猛烈火力支援下取得突破，日军后撤到下一道防线再死守，如此周而复始，日军防区逐渐缩小。

由于美军占领了冲绳岛上的嘉手纳和读谷两处机场后，迅速进驻了大量战斗机部队，并

▲ 美军第 10 集团军司令巴克纳中将（左）在冲绳战役中阵亡。

以该两处机场为基地频繁出击，对日军的"神风"特攻作战威胁很大，日军曾多次试图组织反击夺回机场，但或是因为情况变化中途取消，或是因为实力不济反击未果，最终日军决定实施空降突击，机降一支敢死空降分队，破坏机场设施，摧毁机场上停放的飞机，然后利用空降突击的战果，发动一次航空兵的大规模攻击。这次作战由联合舰队司令丰田指挥，从陆军伞兵第 1 旅抽调了 120 名精锐官兵组成空降分队，由奥山少佐任分队长，代号为"义烈空降队"，由 12 架九七式轰炸机运送，作战代号"义号作战"。

5月19日，奥山和各小队队长以及飞行队长讨论了作战方案，决定奥山指挥3个小队搭乘8架飞机攻击读谷机场，渡边大尉则率领两个小队搭乘4架飞机攻击嘉手纳机场，定于5月23日发起攻击。由于天气原因，推迟到5月24日。当天18时40分，运载"义烈空降队"的12架飞机陆续起飞，途中有4架飞机因故障返航或迫降，另有4架飞机在接近冲绳岛时被美军击落，机上所载人员全部丧生，只有4架于22时抵达目的地。日机以机腹着陆方式在机场上降落，突击队员不等飞机完全停稳，就从机舱中跳下，向机场上停放的飞机投掷手榴弹和燃烧弹，顿时两处机场都燃起冲天大火，美军守备部队这才反应过来，急忙开火还击。经过短暂交战，在两处机场上降落的突击队员连同机组人员共56人，全被消灭，美军亡2人，伤18人，有7架飞机被击毁，26架飞机被击伤，还有7万余加仑的航空汽油被烧毁，损失巨大。嘉手纳机场的大火到26日20时才被扑灭，读谷机场上的大火更是燃烧了三天三夜，直到27日早上才被扑灭，这两机场也就因此瘫痪了近三天三夜。可惜26日和27日，天气不佳，日军无法利用空降分队创造的有利战机发动航空兵攻击，但日军在如此不利的战局下，特别是基本丧失制空权的情况下敢于实施这样一次敢死空降突击，完全出敌不意，取得了不小战果，其中的经验教训很值得研究。

冲绳岛上的激战仍在进行，美军于5月27日攻占了那霸，并继续向冲绳岛的首府首里城攻击前进。

5月31日，美军终于取得了重大进展，突破了日军核心防御地带首里防线，海军陆战队攻入了已是一片废墟的首里城，第10集团军司令巴克纳满心喜悦以为冲绳首府被占领，意味着战斗即将结束。但他的想法大错特错了，日军困兽之斗反而更加疯狂！牛岛率余部后退了约10公里，退到岛南端精心准备的最后防线。这是由两座山峰构成的天然屏障，地势崎岖险峻，日军充分利用地形，筑有巧妙隐蔽的炮位和坑道工事，牛岛决心以此为依托，战至最后一兵一卒。因此日军的抵抗丝毫没有减弱，美军主要依靠喷火坦克开路，不少浑身着火的日军冲出阵地，抱住美军士兵同归于尽。美军前进每一米依然非常艰难，面对日军更加疯狂的抵抗，美军还以更猛烈的炮火。美军的海陆空密集火力对日军据守的岛南部几平方公里地区进行了最猛烈的轰击，日军虽然只剩下3万余人，大炮也损失过半，弹药更是所剩无几，但仍是死战不退。

6月3日，哈尔西急于从被动挨打的冲绳海域脱身，一面在冲绳群岛各岛屿设立雷达站，形成早期预警雷达网；一面从菲律宾调来了部分海军陆战队航空兵的战斗机部队，进驻冲绳岛机场。然后亲率第38特混编队北进，袭击日军在九州地区的航空基地。

6月4日，美军陆战6师的两个团在那霸西南的小禄半岛登陆，迂回攻击日军侧背。

6月5日，台风席卷日本九州海域，美军第3舰队遭到了严重损失，有32艘舰船受创，142架飞机损毁。为此哈尔西受到了军事法庭的调查，由胡佛将军主持的军事法庭认为哈尔西违反了舰队在遇到大风暴时如何处置的相关规定，对这次损失负有责任，建议将其撤职或勒令退役。但尼米兹认为哈尔西是民族英雄，如果在战役尚未结束时就撤去职务，会挫伤美军的士气，长日军的志气，因此没有对他进行处分。

6月8日，美军第38特混编队再次北上，空袭日军在九州地区的航空基地，随后哈尔西将希尔指挥的登陆编队留在冲绳海域，以编队中的护航航母舰载机协同海军陆战队和陆军航空兵，保护登陆滩头和运输船只，自己率领第38特混编队返回莱特湾。当第38特混编队于6月13日到达莱特湾时，这支英雄的部队已经在海上战斗了整整92天！现在将在莱特湾做短暂的休整，为7月间向日本本土发动最后一击做准备。

6月17日，美军又投入预备队陆战2师，该师一个团在冲绳岛南端的喜屋武岬附近登陆，协同正面和侧翼友军围歼日军。此时日军的局势已十分被动，遭到全歼只是时间问题了，为了避免不必要的伤亡，巴克纳用明码电报和广播向日军劝降，牛岛根本不为所动，以枪炮射击作为答复。

6月18日午后，巴克纳中将亲临前线督战，当他在陆战8团团部附近小山上观察部队推进时，日军一发炮弹飞来，落在他的观察站附近，四下崩飞的弹片和尖锐的碎石片击中他头部，当场身亡。要知道日军当时炮火已极其微弱，当天在他到之前，这里几小时都没有遭到过一次炮击，令人不可思议的是，日军第一发炮弹居然就把这位中将集团军司令炸死了，他也就成为美军在整个太平洋战争中阵亡的军衔和职务最高的将领。巴克纳遗憾地没能活着看到战争的胜利。第10集团军司令由海军陆战队第3军军长盖格少将代理，盖格因此成为指挥最多陆军部队的海军陆战队将军。5天后将指挥权转移给了匆忙赶来，以脾气暴躁著称的史迪威陆军中将。

6月19日，牛岛在编号第89的山洞坑道里向东京发出了最后的诀别电，然后指示部下做最后的决死进攻。

6月22日，美军突破日军的最后防线，攻到了冲绳岛最南端的荒崎，并将残余日军分割成三部分。日军都很清楚，末日就要到来了，在坑道里，卫生兵给伤员注射大剂量的吗啡，使他们平静地死去。盖格乐观地宣布已经肃清了岛上日军有组织的抵抗。

6月23日凌晨4时，牛岛知道美军即将占领他所在的摩文仁坑道，脱下军装，换上和服，与身边的参谋一一干杯，喝完了最后的诀别酒，然后剖腹自杀。他的参谋长追随他剖腹自杀，还有一些军官也随之集体自杀。至此，日军有组织的抵抗才告平息，而零星日军的抵抗仍在继续，清剿残余日军的工作一直持续到 6 月底。

7月2日，尼米兹正式宣布冲绳战役结束。但日军残部还没彻底肃清，直到战争结束的 9 月 7 日，还有日军在坚持战斗。

战役进入尾声后，有相当多的日军放下了武器，这在以前是非常罕见的。6 月 15 日前，两个半月的战斗中美军总共才俘虏日军 322 人，而从 6 月 15 日到 6 月 30 日，日军不仅有个人或小组投降，甚至还有成建制的部队在军官带领下投降，仅海军陆战队第 3 军就收容日军投降人员 4,029 人。

No.8 冲绳之伤

在冲绳战役中，只有 57 万人口的冲绳平民中，死者竟达到约 9.4 万人（其中武装平民死亡 5.6 万人）。造成如此大的平民伤亡率和一般充满偏见和仇恨的记录不一样的是，这些平民死亡更多的原因在于日军残暴的政策。日本人一直没有将冲绳平民视为平等国民。冲绳岛民始终保持着自己朦胧的民族感觉，他们普遍视美军为解放者。于是日本正规军强行征召当地居民充当壮丁，甚至组织中学生集体从军，充当通讯、护士、工兵等，造成了大量学生的死亡。比如冲绳县立第一高等女子学校 322 名女生被强行编成一队，充当前线护士、卫生兵等，负责前线伤员的救护、后方医院的护理、甚至埋葬死尸，死亡达 2/3，幸存者只有 112 名。另外一支女子学生队 581 名中也有 334 名死亡。初中男生被编入通信队，高中生则单独编成战斗部队"铁血勤皇队"，分编为野战筑城队（工兵）、斩入队（士兵身背炸药包事先躲在单兵战壕里，待美军坦克开过后，对坦克进行自杀式攻击）和千早队（情报宣传），这些部队死亡率都在 50% 以上，通信队的死亡率达到了 70%。

冲绳战役打响前夕，日军名义上征用 15 至 45 岁的男劳力，但最后实际上几乎征用了所有从 13 岁到 60 岁之间的冲绳男性。除了充当劳力，还组成一支防卫队，进行简单的自杀式训练后即派上战场，与其说是组织战斗，不如说就是拖延战斗时间，掩护正规军撤退。

而日军更为残忍的则是对冲绳平民的残杀和逼迫自杀。日军最后赖以抵抗的主要方式就是利用地势，出现了日军抢夺难民避难洞窟、将难民赶出洞窟充当挡箭牌的事件。更令人震惊的是，为了躲避美军的搜索，日军竟然在不同场合将婴儿窒息致死，以防止啼哭声招来美军。很多平民是被日军以"为皇国效忠"等名义强迫自尽的，日军在逃跑之前往往将手榴弹、毒药等分发给平民，逼迫平民自杀，有的平民在刺刀的威逼下跳崖自尽。战役最后阶段，在喜屋武岬地区也出现了多起日军胁迫平民自尽的事件。

　　这些事件与其说是让平民为天皇效忠，不如说是把平民当成累赘加以"处理"，实际上，很多日军的伤兵也是以同样手段"处理"的。平民大量死亡造成的创伤至今仍然深深扎根在冲绳人的心里。活着的人为战殁者（包括交战双方和不同国籍的平民）树立了纪念碑，所有能查到名字的牺牲者都被镌刻其上，作为冲绳不幸命运的无声控诉。日军在冲绳战役中的暴行在冲绳人中产生了对军国主义强烈的反感和不信任感，对战后日本国内的和平运动也起了很好的反面教材的作用。日本1970年从美国手里重新恢复行使对冲绳的主权时，冲绳人民对日本自卫队的进驻产生了强烈的反感情绪，以至日本政府不得不慎重行事，与冲绳地方政府再三商谈后才得以驻军。

　　冲绳战役历时3个多月，是美军在太平洋战争中损失最为惨重的一次战役。美军伤亡7.5万人，其中死亡1.3万人（陆军死亡4,600人，海军陆战队死亡3,400人，海军舰艇人员死亡4,900人），损失飞机763架，在海上美军有34艘舰船被击沉，368艘被击伤（其中有13艘航母、10艘战列舰、5艘巡洋舰和67艘驱逐舰遭到重创）。战役结束后，美军并没有举行大规模的庆祝活动。

▼ 冲绳岛战役中受伤的美军士兵。

日本在冲绳死亡军人和平民总计 18.8 万人，按照分类统计，冲绳县外的日军士兵死亡65,908 人，冲绳本地的军人、军属死亡 28,228 人。损失飞机 3,400 架，舰艇 20 艘。日本"帝国联合联队"被全歼，号称不沉战舰的旗舰"大和"号也葬身海底。

至此，日本本土已全面处于盟军的攻击之下了。

冲绳岛 3 个月的血战，为日本部署本土防御争取了时间。

1945 年 4 月 25 日，日军大本营发出"一亿特攻"的口号，号召全体国民（包括朝鲜、台湾）人人参加战斗。

5 月 9 日德国投降，日本新首相即发表强硬讲话："全国人民都要当特攻勇士。"日军大本营决定在本土四岛征集 225 万陆军、25 万海军，以及 2,800 万国民义勇队（凡 15 至 60 岁的男子、17 至 40 岁的女子一律编入国民义勇队），不惜"一亿玉碎"。海空军方面，主要是动用 2,600 架作战飞机进行常规空中作战，另有 5,800 架特攻飞机实施自杀性攻击。

至 1945 年 7 月，日本海军可用的军舰仅驱逐舰 19 艘、潜艇 38 艘，也规定全部进行"大和"式的特攻作战。此外还有大量自杀攻击艇，如"回天"、"震洋"等。日军大本营计划，在以雾岛山为中心的南九州作为核心阵地与美军决战，按照冲绳作战的伤亡比例，当可毙伤美军数十万，迫使美军因顾忌伤亡而停战。

8 月 9 日夜，在长崎遭原子弹攻击后，日本召开御前会议，天皇悲切地决定："鉴于彼我战力悬殊，纵继续战争，徒使无辜涂炭，文化摧毁，导致国家灭亡，尤其原子弹的出现，后果不堪设想。为此，朕决定结束战争。"翌日，日本向反法西斯盟国广播，表示可接受《波茨坦公告》，前提是"不改变天皇统治大权"。

8 月 12 日，日本得到美国通过瑞士渠道发出的同意答复，天皇于是在 8 月 15 日广播了投降诏书：

"往年，帝国之所以向美、英两国宣战，实亦为希求帝国之自存于东亚之安定而出此，至如排斥他国之主权，侵犯他国之领土，固非朕之本志。然自交战以来，已阅四载，虽陆海将兵勇敢善战，百官有司励精图治，一亿众庶之奉公，各尽所能，而战局并未好转，世界大势亦不利于我。加之，敌方最近使用残酷之炸弹，频杀无辜，惨害所及，真未可逆料。如仍继续交战，则不仅导致我民族之灭亡，并将破坏人类之文明。如此，则朕将何以保全亿兆之赤子，陈谢于皇祖皇宗之神灵？此朕所以饬帝国政府接受联合公告者也……"

人类历史上规模最大的太平洋战争在日本天皇的投降诏书宣读声中宣告结束。

但太平洋战场上，美日两军交战的许许多多辉煌战例，却不断地成为世界战争书籍和影片演绎的主题。

图书在版编目（CIP）数据

血拼太平洋 / 二战经典战役编委会编译 . — 北京：
中国铁道出版社，2016.6（2022.1 重印）
（时刻关注）
ISBN 978-7-113-21692-4

Ⅰ . ①血… Ⅱ . ①二… Ⅲ . ①太平洋战争
—通俗读物 Ⅳ . ① K152-49

中国版本图书馆 CIP 数据核字（2016）第 076480 号

书　　名：**血拼太平洋**

作　　者：二战经典战役编委会

责任编辑：殷　睿　　　　　　　电　　话：（010）51873005

装帧设计：艺海晴空

责任印制：赵星辰

出版发行：中国铁道出版社有限公司（北京市西城区右安门西街 8 号　邮编 100054）

印　　刷：永清县晔盛亚胶印有限公司

版　　次：2016 年 6 月第 1 版　　　　2022 年 1 月第 2 次印刷

开　　本：787mm×1092mm　　1/16　　印张：12　　字数：300 千字

书　　号：ISBN 978-7-113-21692-4

定　　价：39.80 元